ZU GAST BEI
MARCEL
PROUST

COLLECTION
ROLF HEYNE

Jean-Bernard Naudin · Anne Borrel · Alain Senderens

ZU GAST BEI MARCEL PROUST

Der große Romancier als Gourmet · Mit 70 Rezepten

Wilhelm Heyne Verlag
München

DANKSAGUNG

Es ist mir eine angenehme Pflicht, hier allen, die mich zu diesem Projekt ermutigt haben, als es noch im Entstehen begriffen war, Dank zu sagen: Monsieur Maurice Schumann von der Académie française, Präsident der Amis de Marcel Proust; Dr. Michel Haroche, der als erster Prousts Küche mit der Heraklits in Verbindung brachte; Madame Claire Joyes und Monsieur Jean-Marie Toulgouat, den Autoren von *Zu Gast bei Claude Monet,* deren Ratschläge mir sehr geholfen haben; Monsieur Pierre Marchesseau, der die Arbeit von Anfang an wohlwollend verfolgt hat.

Mein Dank gilt auch denen, die mir mit ihrer Kompetenz bei der Realisierung dieses Vorhabens geholfen haben: Madame Geneviève Baudon und der Librairie Gourmande; Madame Nanou Billault, die mit ihren Recherchen dazu beitrug, die Atmosphäre der Verlorenen Zeit wiederauferstehen zu lassen; Madame Gisèle Bohan, der unermüdlichen Konservatorin des Musée Marcel Proust in Illiers-Combray; Monsieur Jacques Bontillot, Konservator am Musée de la Faïence in Montereau; Monsieur und Madame Alban Bouniol de Gineste, Château de Réveillon; Monsieur Ralph Brauner; Monsieur David Campbell; Monsieur und Madame Jean Frémont, les Aigneaux, Illiers-Combray; Monsieur Bertrand Guéneron und dem Restaurant Lucas-Carton; Monsieur Louis Monier; Dr. Reiner Speck, Präsident der Proust-Gesellschaft in Köln; und Alain Senderens, der nicht nur das Proustsche Werk ausgezeichnet kennt, sondern auch schöpferisch begabt ist in der poetischen Kunst der Küche.

Anne Borrel

Ich möchte ganz herzlich allen danken, die an der Entstehung der Photographien mitgearbeitet haben.

An erster Stelle Nanou Billault, ohne deren Enthusiasmus, Wissen und professionelle Mitarbeit ich diese Arbeit nicht hätte realisieren können.

Dann Anne-Françoise Pelissier und Jean-Jacques Aubert, die freundlich, fröhlich und tatkräftig an der Lösung der zuweilen recht vertrackten Probleme mitgearbeitet haben.

Abschließend möchte ich noch erwähnen, daß diese Bilder nichts anderes sind und sein wollen als eine völlig subjektive Interpretation der Welt Marcel Prousts, die, obwohl sie noch nicht lange zurückliegt, praktisch nicht faßbar ist.

Jean-Bernard Naudin

INHALT

VORWORT

Es ist für mich eine große Ehre, daß Anne Borrel und der Verlag Editions du Chêne mich beauftragt haben, die Rezepte der Gerichte, die Marcel Proust so geliebt haben muß, daß er sein Werk damit gespickt hat, zu rekonstruieren. Prousts Küche erlebend, wird uns seine schöpferische Begabung bewußt, mit deren Hilfe er die Realität in einen Traum verwandelt.

Viele Autoren beziehen und verlassen sich auf die äußere Erscheinung der Dinge, auf ihr Gehör, auf die Intuition oder den Verstand; nur wenige wagen sich in die Bereiche der direkten Sinne vor wie Geruch oder Tastempfinden oder auf das Gebiet des Geschmacks; die Beschreibung dieser Sinne fällt übrigens häufig in den Bereich des Komischen. Im 17. Jahrhundert, in dem die Trennung von Körper und Seele, von Geist und Materie vollzogen wurde, wurde das Kulinarische aus dem kulturellen Bereich vertrieben. Proust dagegen nimmt eine lange, von Pythagoras bis Rabelais reichende Tradition wieder auf und scheut im Gegensatz zu manch anderen Schriftstellern nicht davor zurück, das Essen, den Geschmack und die Welt der Küche in seine literarische Welt mit einzubeziehen.

Tischgespräche tragen erheblich zur Entwicklung der Kultur bei, auch wenn die dabei zur Sprache kommenden Themen einer gewissen Elite vorbehalten bleiben. Marcel Proust zeigt uns, daß Gespräche über das Kulinarische in herausragender Weise das kulturelle Unterbewußtsein des Westens erhellen können.

In seinem gesamten Werk geht die Verehrung der Sinne mit der des Wortes, die sinnliche, ja sogar sexuelle Sphäre mit der des Speisens Hand in Hand. Die treffende Wahl des Wortes, die Suche nach gut gewürzten Sätzen, die Schmackhaftigkeit der Sätze, die rhythmischen Landschaftsschilderungen sublimieren seine Erinnerungen. Der Geschmack wird nicht mehr unterdrückt: Proust zeigt uns, daß die Ernährung die Mythen eines jeden einzelnen und gleichzeitig der ganzen Welt in sich trägt, alles, was das Imaginäre ausmacht, wie ein *aus unbekannten Zeichen bestehendes Buch.* Um dieses Unterbewußtsein zu entziffern, das hinter dem Vorhang des Allerheiligsten verborgen ist, greift Proust zur Küche von Françoise, zum Alphabet seiner Vergangenheit.

Prousts Werk ist weit mehr als eine harmonische Gestaltung von Ideen; es dokumentiert die Organisation der Küche, den Ablauf, die Zusammenstellung von Mahlzeiten und die Vorlieben des ausgehenden 19. Jahrhunderts sowie die des Autors.

Die technischen Fortschritte zu Beginn des Jahrhunderts wie Gas, Elektrizität, Kühlschränke und -kammern sowie die vielen neuen Produkte verunsicherten die althergebrachten Gewohnheiten sicher in stärkerem Maße als unsere jüngste kulinarische Entwicklung. Die Verbindung zur Heimat, zur Provinz, aus der man stammt, und zu den Vorfahren wird auch auf dem Gebiet des Essens abrupt gekappt. Der Appetit verändert sich. Die moderne Ernährungswissenschaft entsteht. Die Frau übergibt dem Mann und dem Restaurateur die Herrschaft in der Küche.

Alberto Capatti schreibt in seinem Buch *Goût du nouveau*, es handele sich um wichtigere Dinge als den routinemäßigen Besuch der Märkte, bei dem Altes und Neues sich merkwürdig vermischen und der Einkaufskorb sich mit Erinnerungen füllt. Für oder gegen die Technik, so könnte man die Auseinandersetzung beschreiben, die das beginnende Jahrhundert prägt ... Damals tauchen bei Hédiard die ersten Bananen auf; die Verkäuferinnen müssen noch darauf hinweisen, daß man dieses paradiesische Obst vor dem Verzehr schälen muß ... Die Pariser Weltausstellung bringt die Internationalität der Gastronomie mit sich, die zuvor der Elite vorbehalten war. Die Menge stürzt sich auf die Ausstellungsgebäude mit den elektrisch oder mit Gas beleuchteten Schildern ... und auf die Autoklaven, mit deren Hilfe Konserven hergestellt werden. Die Küche stirbt, die Küche ist tot. Die Gastronomen sind Pessimisten geworden, und Proust spricht 1912 vom »Krach des kultivierten Essens«. 1914 stimmt er in den Chor der Klagenden ein und verzichtet notgedrungen auf die Croissants zum Milchkaffee, die es bei keinem Bäcker mehr gibt. Auch der Geschmack des Rinderschmorbratens, der von der Köchin seiner Eltern so vorzüglich zubereitet wurde, ist entschwunden. Die Gastronomie der damaligen Zeit wird recht mißtrauisch betrachtet. Man verweigert sich den Errungenschaften der modernen Kühltechnik, während in den Hallen verdorbenes Fleisch 40 bis 50 Prozent der beschlagnahmten Ware ausmacht. Proust schrieb während dieser für Feinschmecker so katastrophalen Zeit in »Gegen Sainte-Beuve«: »*Was der Verstand uns als Vergangenheit darbietet, ist nicht die Vergangenheit. In Wirklichkeit inkarniert und versteckt sich jede Stunde unseres Lebens, sobald sie vergangen ist, in irgendeinem materiellen Objekt, wie in bestimmten populären Legenden in den Seelen der Verstorbenen. Sie ist dort für immer gefangen, außer wenn wir diesem Objekt begegnen (...); dann wird sie befreit. Es ist sehr leicht möglich, daß wir diesem Objekt, in dem sie sich versteckt — oder der Empfindung, denn jedes Objekt ist in Beziehung zu uns eine Empfindung —, nie begegnen.*«

Für Paul Valéry war »der Mensch das Maß aller Dinge«; für Marcel Proust ist der Geschmack, der von dem Autor festgehalten wird, das Maß.

Monsieur le professeur de goût, hier die Rezepte Ihrer *Zeit*.

Alain Senderens

Einführung

Das Vergnügen, allein zu sein und für sich zu kochen … Diese Bemerkung aus einem der Notizbücher von Marcel Proust enthüllt einen überraschenden Aspekt der Persönlichkeit des großen Schriftstellers. Der verwöhnte Feinschmecker und raffinierte Gastgeber besitzt einen instinktiven Sinn für das Gute und das Wahre. Er achtet darauf, nichts auszuschließen, was sein sensitives Universum bereichern könnte, und genießt die Speisen so, wie er seit seiner Kindheit Bücher verschlungen hat; in seinem Werk vergleicht er Schriftsteller und Koch: *(…) ich gab mich daher mit Vergnügen meiner Neigung für sie* (die Sätze) *hin, so wie ein Koch, der einmal nicht selber kochen muß, endlich Zeit findet, Schlemmer zu sein.*

Seit langem weiß Proust, daß die einfachsten Gerichte am schwierigsten zuzubereiten sind und daß das, was man in der Küche lernt, auch auf die anderen Künste zutrifft. *Das Beefsteak mit Äpfeln!, ein ideales Wettbewerbsgericht, schwierig gerade durch die Einfachheit, eine Art »Sonate Pathétique« der Küche (…).* Die Küche, diese anspruchsvolle Schule der Bescheidenheit, ist der Ort verschwiegener alchimistischer Prozesse.

Für Proust ist *das wahre Leben, das endlich entdeckte und aufgehellte, das einzige infolgedessen von uns wahrhaft gelebte Leben (…), die Literatur.* Dieses Buch folgt den Äußerungen des Gourmands Proust und zeichnet seinen Weg auf. Es besucht Orte, an denen der Schriftsteller lebte, Illiers, Réveillon, Cabourg, aber auch imaginäre, und erweckt die »Art de vivre« und den Geschmack seiner Zeit, die man für immer verloren glaubte, zu neuem Leben.

Alain Senderens hat es dank seiner ausgezeichneten Kenntnis des Proustschen Werkes verstanden, die Rezepte der Vergangenheit unter Berücksichtigung der Tradition und im Geiste Prousts zu aktualisieren und mit dem Wohlgeschmack der Zeit zu parfümieren.

Anne Borrel

DER WOHLGESCHMACK DER KINDHEIT

»Gewiß, das schöne Antlitz meiner Mutter strahlte an jenem Abend noch von Jugend, da sie mich so sanft bei den Händen hielt und meine Tränen aufzuhalten versuchte ...«
Porträt von Madame Proust, 1880, gemalt von Madame Beauvais.

»In der Stunde, die auf eine reichliche Mahlzeit folgt, tritt so etwas wie eine wohltuende Pause im Gebrauch des Verstandes und der Willenskraft ein, in der uns das Verharren im Nichtstun ein Empfinden von Lebensfülle gibt ...« (Links)

»Aber wenn von einer früheren Vergangenheit nichts existiert (...), so werden (...) Geruch und Geschmack noch lange wie irrende Seelen ihr Leben weiterführen (...) und in einem beinahe unwirklich winzigen Tröpfchen das unermeßliche Gebäude der Erinnerung unfehlbar in sich tragen.« (Rechts)

»Sie mußte mit meinem kleinen Bruder abreisen (...), und da er das Haus verlassen sollte, hatte mein Onkel ihn zum Photographieren mitgenommen. (...) Man hatte ihm die Haare gewellt ... Sein rundes Gesicht war von einem Helm aus schwarzen, aufgebauschten Haaren umgeben (...). Ich hatte ihn mit dem Lächeln, das ein älteres Kind für einen Bruder hat, den es liebt, angeschaut ...«
Marcel Proust und sein »Bruder in dem kleinen Kleid für besondere Tage und dem Spitzenkleid«, um 1878.

In einem mit Kork austapezierten Zimmer eingeschlossen, füllt der Schriftsteller fieberhaft ein Schulheft nach dem anderen. Ab und zu geht er mitten in der Nacht aus, um seine Freunde zu prächtigen Soupers einzuladen, die er selbst kaum anrührt. Wovon lebt dieser Mann, der sich freiwillig einschließt? Von was ernährt er sich? Von Worten; von einem Festessen aus Worten und Sätzen, die nie zu versiegen scheinen. Sein Leben ist vom »Goût« geprägt, von Geruch und Geschmack; er lebt in der Vollkommenheit seines Werkes.

Der Eremit vom Boulevard Haussmann erinnert sich mit bewundernswerter Genauigkeit. So beschreibt er in allen Einzelheiten eine Weißdornhecke und, vor allem, genießerisch die Gerichte der Vergangenheit. Eine einfache Tasse Tee ist der Anlaß, verlorengeglaubte Welten zu beschwören:

... An einem Wintertage, an dem ich durchfroren nach Hause kam, schlug meine Mutter mir vor, ich solle entgegen meiner Gewohnheit eine Tasse Tee zu mir nehmen. Ich lehnte erst ab, besann mich dann aber, ich weiß nicht warum, eines anderen. Sie ließ darauf eines dieser dicken Sandtörtchen holen, die man »Madeleine« nennt und die aussehen, als habe man als Form dafür die gefächerte Schale einer St.-Jakobs-Muschel benutzt. Gleich darauf führte ich, bedrückt durch den trüben Tag und die Aussicht auf den traurigen folgenden, einen Löffel Tee mit dem aufgeweichten kleinen Stück Madeleine darin an die Lippen. In der Sekunde nun, als dieser mit dem Kuchengeschmack gemischte Schluck Tee meinen Gaumen berührte, zuckte ich zusammen und war wie gebannt durch etwas Ungewöhnliches, das sich in mir vollzog. Ein unerhörtes Glücksgefühl, das ganz für sich allein bestand und dessen Grund mir unbekannt blieb, hatte mich durchströmt. Mit einem Schlag waren mir die Wechselfälle des Lebens gleichgültig, seine Katastrophen zu harmlosen Mißgeschicken, seine Kürze zu einem bloßen Trug unserer Sinne geworden; es vollzog sich damit in mir, was sonst die Liebe vermag, gleichzeitig aber fühlte ich mich von einer köstlichen Substanz erfüllt: oder diese Substanz war vielmehr nicht in mir, sondern ich war sie selbst. Ich hatte aufgehört, mich mittelmäßig, zufallsbedingt, sterblich zu fühlen. Woher strömte diese mächtige Freude mir zu? Ich fühlte, daß sie mit dem Geschmack des Tees und des Kuchens in Verbindung stand (...).

Und dann mit einem Male war die Erinnerung da. Der Geschmack war der jener Madeleine, die mir am Sonntagmorgen in Combray (weil ich an diesem Tage

*vor dem Hochamt nicht aus dem Haus ging), sobald ich
ihr in ihrem Zimmer guten Tag sagte, meine Tante Léonie anbot, nachdem sie sie in ihren schwarzen oder Lindenblütentee getaucht hatte.*

*(...) Sobald ich den Geschmack jener Madeleine wie-
dererkannt hatte, die meine Tante mir, in Lindenblütentee getaucht, zu verabfolgen pflegte (...), trat das graue
Haus mit seiner Straßenfront, an der ihr Zimmer sich
befand, wie ein Stück Theaterdekoration zu dem kleinen
Pavillon an der Gartenseite hinzu, der für meine Eltern
nach hintenheraus angebaut worden war (...) und mit
dem Haus die Stadt, der Platz (...), die Straßen, die ich
von morgens bis abends und bei jeder Witterung durch-
maß, die Wege, die wir gingen, wenn schönes Wetter
war. Und (...) ebenso stiegen jetzt alle Blumen unseres
Gartens und die aus dem Park von Monsieur Swann, die
Seerosen auf der Vivonne, die Leutchen aus dem Dorf
und ihre kleinen Häuser und die Kirche und ganz Combray und seine Umgebung, alles deutlich und greifbar,*

»Auf der einen Seite ihres
Bettes befanden sich eine
große gelbe Kommode aus
Zitronenholz und ein Tisch,
der gleichzeitig als Anrichte
und als Hausaltar diente;
unter einer Statuette der heiligen Jungfrau und einer
Flasche Vichy-Célestins lagen dort die Meßbücher neben den Rezepten, also alles, was sie brauchte, um
von ihrem Bett aus der
Meßhandlung und der ärzt-
lichen Vorschrift für das
Einnehmen ihres Pepsinwei-
nes zu folgen.«

»Bathilde, komm doch und gib acht, daß dein Mann keinen Cognac trinkt!« Madame Nathée Weil, geborene Adèle Berncastel, Großmutter mütterlicherseits von Marcel Proust.

Rechnungsformular der Lebensmittelhandlung Proust-Torcheux, die sich in Illiers im Besitz der Familie väterlicherseits von Marcel Proust befand.

die Stadt und die Gärten auf aus meiner Tasse Tee. (In Swanns Welt)

Auf der Suche nach der verlorenen Zeit, von einem Kranken geschrieben, der streng Diät leben muß, enthält unter anderem und indirekt eine Abhandlung über den Geschmack und eine Abhandlung über den Stil. In seinem karg eingerichteten Zimmer, in dem wie in dem von Tante Léonie ständig Räucherkerzen brennen, genießt Marcel Proust die unerschöpfliche Quelle seiner Erinnerungen. Sein Werk könnte folgenden Untertitel tragen: »Die Küche als eine der Schönen Künste betrachtet«. Die Lebenskunst, die er mit einer gewissen nostalgischen Sinnlichkeit beschreibt, gehört zu einer Epoche, in der die Tafelfreuden zu den Grundlagen des familiären sowie gesellschaftlichen Lebens zählen. Der Ablauf des täglichen Lebens wird durch Mahlzeiten bestimmt, deren Raffinesse und verschwenderische Fülle den heutigen Leser zum Staunen bringen. Zwei auf den ersten Blick vielleicht gegensätzlich anmutende Eigenschaften, die mit dem oben Gesagten eng verwandt sind, sind auch typisch für den Proustschen Stil: eine überwältigende Bilderfülle einerseits und äußerste Detailtreue andererseits. Die Küche ist einer der Schlüssel zum wohlgeordneten Labyrinth in *Auf der Suche nach der verlorenen Zeit*.

Wollen wir unsere Kindheit ein zweites Mal erleben, sind wir auf einen der uns angeborenen Sinne angewiesen, den wir leider vernachlässigen, sobald wir erwachsen werden: auf den Geschmack. Für das Kind ist die Welt ein weitläufiger Palast aus *Tausendundeine Nacht*, in dem alles eßbar ist, auch das, was man nicht anfassen kann, und in dem sich sogar Tante Léonies Zimmer in etwas Eßbares verwandelt:

Die Luft ist dort gesättigt vom zarten Hauch einer Stille, die so bekömmlich ist, so lockend, daß ich mich mit einer Art von Gier in sie hineinbegab, besonders in den noch kühlen Morgenstunden der Osterwoche, wo ich am meisten Sinn dafür hatte, da wir ja eben erst in Combray angekommen waren. (…) Das knisternde Feuer machte inzwischen aus den appetitlichen Gerüchen, von denen die Luft im Zimmer gesättigt war, eine Art von festem Teig, der in der feuchten, durchsonnten Morgenluft schon »aufgegangen« war, es walkte ihn aus, ließ ihn goldgelb werden, faltete ihn zusammen und trieb ihn locker auf, so daß schließlich unsichtbar und doch greifbar ein ganz bestimmtes provinzübliches Backwerk daraus wurde, ein riesiger sogenannter »Chausson«, in dem ich mit uneingestandener Begehrlichkeit, sobald ich auch noch die trockneren, feineren, edleren, aber auch abgelagerteren Gerüche des Wandschranks, der Kommode, der mit Laubornamenten geschmückten Tapete in mich aufgenommen hatte, nach dem vermittelnden weichen, faden, unassimilierbaren und fruchtigen der geblümten Bettdecke suchte. (In Swanns Welt)

Dieser »Traum voller Gerüche und Wohlgeschmack« zeigt uns die Kulissen des Romans. Um sein Werk auszuarbeiten, knetet Proust die verschiedenen Zutaten, die ihm die Realität liefert, zu *einem festen Teig.* So ist Combray das Amalgam zweier Orte, Auteuil und Illiers, wo er die schönsten Stunden seiner Kindheit verbringt.

Er wird am 10. Juli 1871 in der Rue La Fontaine Nr. 96 in Auteuil geboren. Das Haus, das in der Zwischenzeit abgerissen wurde, um der Avenue Mozart Platz zu machen, gehört seinem Großonkel mütterlicherseits, Louis Weil. Bei schönem Wetter versammelt sich die Familie zu *langen Gesprächen in der Dunkelheit* im Garten, voller *Erinnerungen an Diners in Combray und an Rezepte von Hähnchen auf Jägerart, die man untereinander austauschte.* Marcels Großeltern mütterlicherseits, Adèle und Nathée Weil, leben dort, genau wie Onkel Georges, die Vettern Weil und die Kusinen Crémieux, die Töchter und Enkelinnen des bedeutendsten Mannes der Familie, des Ministers Adolphe Crémieux.

Professor Adrien Proust, Marcels Vater, hält sich nur selten in dieser ländlichen Oase vor den Toren von Paris auf. Der brillante Arzt, der im Hôpital de la Charité als Leitender Oberarzt tätig ist und Studenten ausbildet, erfüllt zahlreiche offizielle Aufgaben. Er wohnt in der Rue Roy Nr. 8 (heute Boulevard Haussmann) und ab 1873 am Boulevard Malesherbes Nr. 9, die beiden »Stadtadressen« der Prousts.

Während der langen, müßigen Sommerabende profitiert der kleine Marcel im Garten von Auteuil von der Gegenwart seiner Mutter, Jeanne Weil, wenn nicht ein lästiger Gast sie ihm entreißt und damit ein Drama auslöst: Auf den ersten Seiten seines Werkes beschreibt er bereits den Schmerz, den er empfindet, wenn er ohne mütterlichen Kuß ins Bett geschickt wird. Denn diese »geistige Nahrung« ist für ihn untrennbar mit der anderen verbunden, die in Auteuil und Illiers so reichlich aufgetragen wird.

Illiers ist die Wiege der Familie Proust. Seit dem 16. Jahrhundert gehören Marcels Vorfahren zu den Notabeln dieses kleinen, bei Chartres liegenden Ortes. Sie handeln mit Lebensmitteln und Kerzen und sind die

»Nach der Messe gingen wir noch bei Theodor vorbei, um ihm zu sagen, er möge uns eine größere Brioche als gewöhnlich schicken, da unsere Verwandten das schöne Wetter genutzt hätten, um von Thiberzy zum Mittagessen herüberzukommen (...).«
Edouard Manet, Stilleben mit Brioche, Christie's, London.

»(…) und dann fiel mir die Aufgabe zu, aus einer Apothekertüte so viel davon auf einen Teller zu schütten, wie man gleich darauf in das kochende Wasser geben würde.«

»Sie bot meinen Lippen ihre traurige, bleiche, ausdruckslose Stirn, auf der sie zu dieser Morgenstunde noch nicht die falschen Haare angebracht hatte (…).«
In Illiers, Photographie von Madame Jules Amiot, geb. Elisabeth Proust (1823 bis 1886), eine Tante von Marcel Proust.

Baillis, die Vögte, von Illiers. Adrien Proust, der als Stipendiat am Gymnasium von Chartres glänzt, verläßt als erster der Familie die Beauce, als er nach Paris geht, um Medizin zu studieren. Sein Vater Louis Proust ahnt, daß die Stearinkerzen, die damals aufkommen, eine glänzende Zukunft haben, und macht mit der Produktion dieser Kerzen gute Geschäfte. Zusammen mit seiner Frau Virginie Torcheux führt er bis zu seinem Tod im Jahre 1863 an der Place du Marché gegenüber der Kirche von Illiers ein Lebensmittel-, Kurzwaren-, Porzellanwaren-, Glaswaren-, Flaschen- und Kristallwarengeschäft mit einer Abteilung für Schnäpse und Liköre. Auf dem Briefkopf des Geschäftes finden wir außerdem folgenden Hinweis: »Wachs-, Honig und Kerzenherstellung«.

Adrien Prousts ältere Schwester, Elisabeth, heiratet Jules Amiot, Grundbesitzer und Händler. Er besitzt das *Neuheitenmagazin*, dessen Tür so gelb ist wie die *große Apfeltorte*, die sonntags aufgetragen wird.

Marcel Proust verbringt seine Ferien im Haus von Onkel Jules in der Rue du Saint-Esprit Nr. 4. Es dient wie das Haus in Auteuil als Vorlage für Combray. Mit Hilfe der Magie dieser subtilen Synthese bekommt das Unsichtbare Umrisse; Menschen entstehen, die wahrer sind als die, welche wirklich gelebt haben.

In der *Suche nach der verlorenen Zeit* stellt Combray die Initiation in die Kunst des Geschmacks dar, über die eine Schutzgöttin wacht, Françoise, die Köchin, die sich deutlich von der familiären Umgebung abhebt. Auch die Familie führt den Jungen in eine Kunst des Geschmacks ein, in die der Literatur und des Ästhetischen. Eine außerhalb des Familienkreises stehende Person stört diese ursprüngliche, natürliche Harmonie: Charles Swann, der den »Goût« der Welt und der Kunst verkörpert.

Wer ist Swann? *Ein allgemein geachteter Mann und guter Redner, ein Kenner der Malerei, ein Feinschmekker, eine Art Brillat-Savarin* (Sodom und Gomorra). Dieser Ästhet vereint in sich die Kompetenz eines Kunst- und eines Gastronomiekritikers. Swann, *einer der verhätscheltsten Männer der großen Welt des Faubourg Saint-Germain,* setzt sich, ohne Umstände zu machen, in den Garten von Combray und leistet sich den Luxus, Kochrezepte genau zu erforschen.

Man gab ihm ruhig den Auftrag, Rezepte für eine »Sauce gribiche« oder einen Ananassalat zu besorgen, die man für große Diners benötigte, zu denen er nicht geladen war (...), jener erste Swann, den eine Atmo-

sphäre von Muße und ein zarter Duft nach dem alten Kastanienbaum (...) umweht. (In Swanns Welt)

Dieser Dandy und Liebhaber der Kunst sowie des guten Essens führt Marcel in die italienische Kunst ein, während die Familie den jungen Helden in Illiers oder Combray mit den Tafelfreuden vertraut macht; allein die Ankündigung der Speisen löst bereits Wohlgefühl und Lust aus.

Schon in dem 1895 begonnenen und unvollendet gebliebenen Roman *Jean Santeuil* beschwört Proust, die Sprachmaterie kräftig »durchwalkend«, die Kraft des Begehrens, die Abwesenheit in Präsenz verwandeln kann:

Jean war doch nun, um in Erfahrung zu bringen, was es zu Mittag gäbe, hierhergeeilt wie an einen Nachrichtenstand, nur daß es sich diesmal nicht um Neuigkeiten platonischen Charakters handelte, sondern um solche, die seine Neugier nur befriedigten, um sie sofort aus der Asche von neuem entstehen zu lassen, und zwar in sinnlicherer und ungeduldigerer Form, denn wenn ein Menü wie eine Zeitung informiert, regt es doch auch zugleich die Phantasie in gleicher Weise an wie ein Programm.

(...) Heute haben wir zum Mittagessen Eier im Näpfchen, Filet mit Béarnaisesauce und Bratkartoffeln. Ißt du Filet mit Béarnaisesauce gern?« — »O ja, Onkel.« — »Gut, um so besser. Und dann gibt es auch noch Gründlinge, wenn Vater David welche gebracht hat, was ich aber nicht weiß. Oh! Es ist schon Viertel nach elf und Zeit aufzubrechen, wenn die Fischfritüre nicht ohne uns verbrutzeln soll (...).«

Und Jean (...), in Gedanken bereits ganz und gar bei den Eiern und dem Filet mit Béarnaisesauce, fühlte in sich nicht mehr länger die Kraft, auf diese Genüsse zu warten, sondern hatte das Empfinden, daß nunmehr der samtige Kopf der violetten Iris über dem Wasser und der balsamische Duft der syrischen Rosen an den Ecken der Alleen seinem durch die Morgenarbeit, die inzwischen vergangenen Stunden und die wachsende Begierde gereizten Gaumen nur eine zu geringe Befriedigung schenkten. (Jean Santeuil)

Die unmittelbare Befriedigung des Verlangens betäubt die anderen Sinne. Um die Welt wiedererschaffen, sie der Vergangenheit entreißen zu können, muß man selbst reines Verlangen werden.

Der Dichter verbindet die Liebe zum Wort mit dem Auge des Malers. Mit fast identischen Ausdrücken beschreibt Proust, wie Jean Santeuil und Onkel Jules mit Hilfe delikater Alchimie einen Topf Sahne und einige

Erdbeeren in ein kulinarisches und optisches Meisterwerk verwandeln:

Nachdem er einen rosigen Zwieback verspeist hatte, drückte Jean Erdbeeren in einen Rahmkäse, bis dessen Farbe ihm alle Verheißungen zu enthalten schien, die gleich darauf der erträumte und erreichte Geschmack Wirklichkeit werden ließ. Inzwischen nahm er noch einmal Erdbeeren und von Zeit zu Zeit auch etwas Rahm in wohlabgewogenem Verhältnis und mit Blicken, in denen sich Aufmerksamkeit mit Vergnügen mischte, vereint mit der Erfahrenheit eines Koloristen und der Erfindungsgabe eines Gourmets. (Jean Santeuil)

(...) die Schlagsahne und die Erdbeeren, die derselbe Onkel in stets gleichem Verhältnis mischte, mit der Erfahrung eines Koloristen und dem Ahnungsvermögen eines Feinschmeckers immer genau bei dem entsprechenden Rosa innehaltend. (Tage des Lesens)

Alle Sinne nehmen an diesem Bankett teil, das den Geruchs- und Geschmackssinn befriedigt, aber auch das Auge — den »intellektuellsten« Sinn — und nicht zuletzt das Gehör, das die klingenden Gläser wahrnimmt und das Geräusch der Bestecke auf den Tellern oder auch das lang hallende Echo der Glocke, die zum Mittagessen ruft. Die Küche nimmt die Ausmaße des Universums und des Proustschen Werkes an, in dem jede Mahlzeit zu einer Zeremonie wird.

Françoise, die Köchin, herrscht über das Ritual und orchestriert die Symphonie aller Sinne.

»(...) jener erste Swann, den eine Atmosphäre von Muße und ein zarter Duft nach dem alten Kastanienbaum, nach den Himbeerkörben und einem Stengelchen Estragon umweht.«

»Den ganzen Mai über stand sie (die rosa Kastanie) in Blüte. Nicht weit voneinander entfernt reckten sich ihre zahllosen Blütentürme über dem gewaltigen, unbewegten Blattwerk empor wie ein rosiger Wald über den zerklüfteten Hängen eines grünen Gebirges.« (Seiten 26/27)

»(...) war am Ende mit dem weißen und rosigen Dornstrauch die Erinnerung an den weißen Rahmkäse verknüpft, der eines Tages, als er Erdbeeren darin zerdrückt hatte, ein Rosa annahm (...).« (Folgende Seiten)

Wer ist Françoise? Woher stammt sie? Mehrere Köchinnen der Familie Proust haben in Auteuil, Illiers und Paris das unfehlbare Gedächtnis des jungen Marcel mit ihren von der Hitze der Herde geröteten Gesichtern geprägt. So wie *in einem Buche (...) viele junge Mädchen (...) ein einziges junges Mädchen bilden (...),* bedarf es sicher vieler dieser abstoßenden und ergebenen, strengen und mütterlichen, wohlwollenden und angsteinflößenden Figuren, damit Françoise das Licht der Welt erblicken kann.

Handelt es sich um diese Ernestine Gallou, die bis zu ihrem Tod in Illiers in einer kleinen, über einer Hofeinfahrt an der Place de l'Eglise eingerichteten Wohnung die Großmutter Proust pflegt? Oder um Félicie Fitau, die in Paris ein meisterliches Bœuf mode herstellt und die ihren Namen der Köchin in *Jean Santeuil* leiht? Wir sehen hier, wie *Félicie* (Ernestine) *wie Vulkan in seiner Schmiede das Feuer schürte (...). mit dem eisernen Haken in einem Flammengeloder, einer Hitze und einem Prasseln von wahrhaft höllischer Art (...). Sie, deren Hände, derb gebaut wie die gewisser Bildhauer (...), ein Werk von märchenhafter Vollendung schufen.*

Françoise realisiert mit Hilfe ihrer *eigenen Eingebungen* die subtilsten Rezepte und läßt sich manchmal auch von Tante Léonie anregen, *die nicht mehr wog als ein Spatz* und sich von Kompott und Eiern ernährt. Die Fülle der Gerichte, die jeden Tag auf den Tisch der Familie kamen, scheint die Askese Tante Léonies auszugleichen.

Françoise hält sich nicht lange mit elegantem Getue auf. In ihrem *kleinen Venustempel mit dem roten, wie Porphyr glänzenden Fußbodenbelag, dessen Dach immer von einer gurrenden Taube gekrönt war, empfing sie die Opfergaben aus den Händen des Milchmanns, des Obsthändlers, der Gemüsefrau (...), die oft aus weit entlegenen dörflichen Siedlungen herbeigekommen waren, um dort die Erstlinge ihrer Felder niederzulegen.* (In Swanns Welt)

Sie ist Göttin und zugleich Priesterin eines Kultes, der das Kind tief beeindruckt:

Françoise, den hilfreichen Kräften der Natur gebietend wie in den Märchenspielen, in denen Riesen sich als Köche verdingen, klopfte die Kohle klein, brachte Kartoffeln zum Weichwerden in den Dampf und ließ auf dem Feuer kulinarische Meisterwerke gar werden, die zuvor in irdenen Gefäßen, von großen Bottichen, Schüsseln, Kesseln und Fischbassins bis zu Terrinen für die Wildpastete, Kuchenformen und kleinen Rahmschüssel-

chen, *vorbereitet wurden, wozu noch eine vollständige Sammlung von Kochtöpfen aller Größen kam.* (In Swanns Welt)

Die Köchin verleiht der offensichtlich anarchistischen Fülle der Gerichte einen Sinn, zu dem nur sie den Schlüssel besitzt. Sie orchestriert die Reihenfolge der Speisen und rechtfertigt so ihre Existenz. Sie beherrscht und zähmt die üppige Speisenfolge nach ihrem eigenen Gesetz. So gesehen ist sie den größten Künstlern ebenbürtig, die die Materie in Kunstwerke verwandeln:

Denn zu der ständigen Grundlage von Eiern, Kotelettes, Kartoffeln, Eingemachtem, Biskuits, die sie uns gar nicht mehr ankündigte, fügte Françoise je nach dem Stand der Felder und Obstgärten, dem Ertrag der Fischerei und den Zufällen des Handelslebens, dem Entgegenkommen der Nachbarn und ihren eigenen Eingebungen — und zwar so glücklich, daß unser Speisezettel wie die Vierblattornamente, die man im dreizehnten Jahrhundert über den Kirchenportalen anbrachte, immer einigermaßen dem Rhythmus der Jahreszeiten und den Episoden unseres Lebens entsprach — jeweils etwas hinzu: einen Butt, weil die Händlerin ihr garantiert hatte, daß er ganz frisch sei, einen Truthahn, weil sie einen schönen auf dem Markt von Roussainville-le-Pin gesehen hatte, Artischocken mit Mark, weil sie sie uns noch nie auf diese Art zubereitet hatte, eine Hammelkeule, weil der Aufenthalt in der frischen Luft tüchtig hungrig macht und weil man bis sieben Uhr gut schon wieder einen leeren Magen haben konnte, Spinat zur Abwechslung, Aprikosen, weil es noch kaum welche gab, Stachelbeeren, weil

»Und dann gibt es auch noch Gründlinge, wenn Vater David welche gebracht hat, was ich aber nicht weiß.« (Gegenüber)

sie in vierzehn Tagen zu Ende sein würden, Himbeeren, die Monsieur Swann eigens für uns gebracht hatte, Kirschen, weil sie die ersten waren, die der Kirschbaum im Garten nach einer Pause von zwei Jahren wieder trug, Rahmkäse, den ich doch früher immer so gern gegessen hatte, einen Mandelkuchen, weil sie ihn am Abend zuvor bestellt hatte, und eine Brioche, weil es für uns der angemessene Zeitpunkt war, sie von uns aus zum Mahle beizusteuern. Und nach alledem wurde uns auch noch, eigens für uns hergestellt, aber noch spezieller meinem Vater zugedacht, der sie besonders liebte, der Inspiration von Françoise entsprungen, eine Schokoladencreme gereicht, flüchtig und leicht wie eine Gelegenheitsdichtung, auf die sie aber gleichwohl ihr gesamtes Können verwendet hatte. Wer etwas davon nicht gekostet hätte mit den Worten: »Ich bin fertig, ich habe keinen Hunger mehr«, *wäre auf der Stelle in die Reihen jener Rohlinge hinabgesunken, die bei dem Geschenk, das ein Künstler ihnen macht, auf das Gewicht und das Material schauen, während doch nur der Geist und die Signatur das Entscheidende sind. Auch wenn man nur das geringste davon auf dem Teller ließ, hätte das eine gleiche Unhöflichkeit bedeutet, wie wenn man sich vor der Beendigung eines Stückes unter den Augen des Komponisten erhebt.* (In Swanns Welt)

Mahlzeiten werden zur köstlichen Chronik des Dorflebens und des Ablaufs der Jahreszeiten: Mensch und Natur befinden sich noch einmal im Einklang. Die mit viel Zeit künstlerisch zubereiteten Mahlzeiten verwandeln sich in prächtige Gemälde, die der von Proust im Louvre entdeckten Bilder von flämischen Malern würdig sind. Die Küche, eine alchimistische Höhle, von dem ewig brennenden Feuer gerötet, verwandelt sich in ein Atelier, in dem Meisterwerke entstehen. Swann geht in Françoises Reich, denn er betrachtet auch die bescheidensten Dinge und Menschen mit den Augen eines Künstlers. In dem Küchenmädchen, das Spargel schält, entdeckt er eine Figur aus einem Fresko Giottos:

Die arme Caritas von Giotto, wie Swann sie nannte, die von Françoise beauftragt war, sie [die Spargel] zu schälen, hatte sie in einem großen Korb dicht bei sich stehen; ihre Miene war jammervoll, als trüge sie alle Leiden der Welt; die leichten Azurkrönchen aber, die die Spargel oberhalb ihrer rosa Halskrause trugen, waren Stern für Stern so fein gezeichnet wie die zu Girlanden geflochtenen Blumen an der Stirn und im Korb der »Tugend« von Padua. (In Swanns Welt)

Noch das nebensächlichste Objekt vermittelt unend-

liche Perspektiven, Raffinesse und Prosaisches, Kultur und Naivität miteinander vermischend. Proust komponiert das Bild seiner eigenen Vision mit den Farben des Malers und dem Humor des Schriftstellers:

Ich blieb an einem Tisch stehen, an welchem das Küchenmädchen grüne Erbsen enthülst und dann in abgezählten Haufen aufgereiht hatte wie kleine grüne Kugeln für ein Spiel; besonders aber die Spargel hatten es mir angetan, die wie mit Ultramarin und Rosa bemalt aussahen und deren in Violett und Himmelblau getauchte Spitze nach dem anderen Ende zu — das noch Spuren des nährenden Ackerbodens trug — lauter Abstufungen von irisierenden Farben aufwies, die nichts Irdisches hatten. Es schien mir, daß diese himmlischen Tönungen das Geheimnis von köstlichen Geschöpfen enthüllten, die sich aus Neckerei in Gemüse verwandelt hatten und durch ihre aus feinem eßbaren Fleisch bestehende Verkleidung hindurch in diesen Farben der zartesten Morgenröte, in diesen hinschwindenden Nuancen von Blau jene kostbare Substanz verrieten, die ich die ganze Nacht hindurch, wenn ich am Abend davor davon gegessen hatte, in den nach Art Shakespearscher Feenkomödien gleichzeitig poetischen und derben Possen wiedererkannte, die sie zum Spaße aufzuführen schienen, wenn sie sogar noch mein Nachtgeschirr in ein Duftgefäß umschufen. (In Swanns Welt)

Françoise hütet noch viele andere Mysterien: Sie ist die Hohepriesterin des grausamen Gesetzes der Kunst, das im Allerheiligsten beginnt, im Wirtschaftsraum neben der Küche:

(...) Françoise war mit der Arbeit im Rückstand. Als ich in die Küche trat, war sie gerade dabei, einem Hähnchen den Garaus zu machen, das in seiner verzweifelten, sehr begreiflichen Gegenwehr, die von der zutiefst empörten Françoise, während sie ihm den Hals unterhalb der Ohröffnung zu durchschneiden versuchte, mit dem Ausruf: »Mistvieh, elendiges!« begleitet wurde, die Sanftmut und schmelzende Güte unserer Dienerin in einem weniger vorteilhaften Licht erscheinen ließ als am folgenden Tage, wo es in seiner nach Art eines Meßgewandes mit Gold inkrustierten Haut und seinem köstlichen, wie aus einem Ciborium rinnenden Saft auf der Tafel figurierte. Als es endlich tot war, wischte Françoise das Blut auf, das ihren Groll offenbar nicht hatte ersäufen können; vielmehr bekam sie im Gegenteil einen erneuten Wutanfall, und mit einem Blick auf den Leichnam des endlich erledigten Feindes rief sie noch einmal: »Mistvieh, elendiges!« (In Swanns Welt)

Der Firnis der Zivilisation bekommt leichte Risse. Auch in einer anderen Szene enthüllt die Brutalität verborgene Instinkte. Françoise verkörpert jene dunkle Seite in uns, die wir gerne verstecken. Sie versagt es sich nicht, gegenüber den wehrlosen Küchenmägden ihre despotische Macht auszuspielen, und scheut auch vor Sadismen nicht zurück. So läßt sie während eines Sommers regelmäßig Spargel auftragen:

»Madame Octave, ich glaube, ich muß Sie jetzt verlassen, ich darf mich nicht mit Plaudern verweilen, es ist schon bald zehn Uhr, mein Backofen ist noch nicht geheizt, und ich muß Spargel schälen.«

»Wie, Françoise, schon wieder Spargel! Aber du hast ja dieses Jahr die reine Spargelmanie, unsere Pariser werden bald genug davon haben!«

»Nicht doch, Madame Octave, sie essen sie doch so gern. Wenn sie hungrig aus der Kirche kommen, werden Sie sehen, daß sie nicht mit langen Zähnen essen.«

(...) In dem Jahr, in dem wir so oft Spargel aßen, war das Küchenmädchen, das sie gemeinhin zu schälen hatte, eine arme, kränkliche Person in bereits vorgeschrittenem Zustand der Schwangerschaft, als wir Ostern ankamen, und alle wunderten sich eher, daß Françoise sie so viele Gänge und Besorgungen machen ließ (...)

(...) wie wir erst nach Jahren herausbrachten, hatten wir zum Beispiel in jenem Sommer nur deswegen fast täglich Spargel gegessen, weil das mit ihrem Putzen betraute Küchenmädchen davon so heftige Asthmaanfälle bekam, daß es schließlich ging. (In Swanns Welt)

Marcel entdeckt im Wirtschaftsraum von Combray die Kulissen jeglicher künstlerischer Kreation. Françoise beobachtend versteht er, wie viele Opfer man auf sich nehmen muß, um ein Meisterwerk zu schaffen.

Die Köchin hebt den Schleier und enthüllt grausame, angsterregende Geheimnisse. Das Kind spürt, daß die Küche wie die Literatur eine *gewalttätige Kunst* ist. Um diese Flut an Grausamkeiten einzudämmen, hat die Zivilisation Gesetze erlassen und Rituale vorgeschrieben. Die liturgischen Verzierungen, die das richtig zubereitete Tier bilderreich schmücken, legen ein beredtes Zeugnis vom Übergang von der primitiven Brutalität zur »Kultur« ab. Der unveränderliche Rhythmus der Mahlzeiten bestimmt den Tagesablauf und verschleiert die Grausamkeit der Küche. Tante Léonies Alltagsleben spiegelt verzerrt das asketische, dabei sterile Bedürfnis nach Orientierungspunkten wider:

Ihre Gourmandise fand ihre Befriedigung in der täglichen, unveränderlichen Wiederholung ihres Lieblings-

»Der Küchenvorraum (…) sah weniger wie eine Wohngrotte für Françoise als vielmehr wie ein kleiner Venustempel aus. In überwältigender Fülle standen allhier die Opfergaben aus den Händen des Milchmanns, des Obsthändlers, der Gemüsefrau umher, die oft aus weit entlegenen dörflichen Siedlungen herbeigekommen waren, um dort die Erstlinge ihrer Felder niederzulegen.«

Ernestine Gallou in hohem Alter, eines der Vorbilder für Françoise.

»Françoise, den hilfreichen Kräften der Natur gebietend wie in den Märchenspielen, in denen Riesen sich als Köche verdingen, klopfte Kohle klein, brachte Kartoffeln zum Weichwerden in den Dampf und ließ auf dem Feuer kulinarische Meisterwerke gar werden, die zuvor in irdenen Gefäßen, von großen Bottichen, Schüsseln, Kesseln und Fischbassins bis zu Terrinen für die Wildpastete, Kuchenformen und kleinen Rahmschüsselchen, vorbereitet wurden, wozu noch eine vollständige Sammlung von Kochtöpfen aller Größen kam.«

Joachim Beuckelaer, Kücheninterieur, Musée du Louvre, Paris.

menüs, und das Warten auf das gleiche Omelett, die gleichen Bratkartoffeln, das gleiche Pfirsichkompott erweckte in ihr schon viele Stunden zuvor die Vorstellung des kommenden Vergnügens, das man nicht enttäuschen durfte, indem man etwa Rühreier auftrug, die sie »ihres Omeletts beraubt hätten«, oder einen Rahmkäse, dessen Anblick ihr die melancholische Botschaft vermittelt hätte, vor dem nächsten Tag gäbe es kein Kompott mehr ... Nach Monaten identischer Mahlzeiten hatte sich in ihr, wenn auch in höchst bescheidenem Maß, der Wunsch nach Neuem geregt und sie beunruhigt. Sie sagte zu Françoise: »Ich muß mit Ihnen sprechen; ich habe Lust, mein Menü zu ändern.« Man erwog die Möglichkeit, gekochte Eier zu servieren. Vielleicht könnte sie, um dem Omelett nicht ein für allemal adieu zu sagen, mit einem gekochten Ei und einem Omelett, das nur aus einem Ei zubereitet wurde, beginnen ... (In Swanns Welt, Skizze XVIII)

Ein bis ins kleinste Detail abgestimmtes Räderwerk garantiert den problemlosen Ablauf:

Wenn Jean kurz vor dem Mittagessen von den Wiesen zurückkam, standen die Stühle häufig schon an ihrem Platz am Tisch. So wie das weiße Licht des Mittags immer auf dem Weg lag, so hatte die strahlende, unbewegliche und bereits vollständige Armee aus Tellern, dem neben den Tellern aufgereihten Besteck, den in Reih und Glied stehenden Salzfäßchen, den weniger zahlreichen, dafür aber höheren Karaffen, die die Rangordnung festlegten, und vor allem die zu Häubchen geformten Servietten, die Félicie immer erst im letzten Moment faltete, auf dem Eßtisch Aufstellung bezogen; alles wies darauf hin, daß es kurz vor Mittag war und daß nach den zwölf Glockenschlägen die Gäste nicht länger zögern würden, Platz zu nehmen und so das Signal zu geben, das Manöver der brillanten Artillerie aus Gabeln und Messern und vor allem das Defilee der Gerichte zu beginnen, die Félicie wie ein unter Zeitdruck stehender Patron eines nach dem anderen präsentierte, wobei die Sonne, die den Wein in den Karaffen leuchten ließ, auf dem Tisch zwischen den Gabeln und den Messern spielte und das Defilee um so fröhlicher werden ließ. (Jean Santeuil)

Der Kaffee schloß endlich mit dem Auftauchen eines geheimnisvollen Apparates, der von einem ernsten, andächtigen Offizianten bedient wurde, die Mahlzeit ab.

Unter jene antiken, unschuldsvollen Attribute der ländlichen Souveränität könnte man auch den äußerst komplizierten — da sehr primitiven — Apparat zählen, den die Dienerin zu diesem Zeitpunkt Monsieur Albert brachte und mit dessen Hilfe er den Kaffee bereitete — ein Vorrecht, das er keinem anderen abgetreten hätte. Wenn er sich zufällig zu einem Pächter begeben hatte und nicht zum Mittagessen erschien, so wurde die Frage »Wer macht jetzt den Kaffee?« tatsächlich zu einer Haupt- und Staatsangelegenheit. Wofern nicht eine Persönlichkeit von Rang wie Monsieur Santeuil anwesend war, hielt man sich lieber an die Dienerin, die als eine Art von Staatssekretär angesehen wurde, wodurch die Verpflichtung zur willkürlichen Ernennung eines Stellvertreters entfiel. Dieser Apparat bestand größtenteils aus Glas, so daß man sehen konnte, wie das Wasser zu brodeln begann, der mit dem gemahlenen Kaffee vermischte Dampf an den Wänden einen schwärzlichen Schaum ablagerte und das Wasser durch einen Filter in die andere Röhre floß, aus der der fertige Kaffee dann abgelassen wurde. Monsieur Albert hörte das Wasser brodeln, und diese Musik, die freilich weniger erlesen war als der Ausritt, durch den erlauchtere Verdauungen angeregt werden, aber doch sehr wohl das Behagen ausdrückte, das ihn durchströmte, und zugleich den nächsten Augenblick ankündigte, in dem der dampfende Kaffee eben dieses Behagen noch um eine erlesene Empfindung von Wärme, süßem, kräftigem Geschmack und delikatem Duft vermehren würde, genügte ihm vollauf. (Jean Santeuil)

Zuweilen entsteht ein zusätzlicher Ritus, der das ein für allemal festgelegte Programm leicht verändert. Dies trifft auf die Samstage in Combray zu:

So zum Beispiel fand am Samstag, wenn Françoise nachmittags zum Markt von Roussainville-le-Pin ging, das Mittagessen für alle eine Stunde früher statt. (...) Dieses vorzeitige Mittagessen gab übrigens dem Samstag in unser aller Augen etwas Besonderes, Gelockertes und eigentlich Sympathisches. In dem Augenblick, da wir normalerweise noch eine Stunde vor uns hatten bis zu der beschaulichen Stunde des Mahls, wußte man, daß bereits in wenigen Sekunden vorzeitige Endivien, ein Extraomelett, ein unverdientes Beefsteak vor uns erscheinen würden. (...) Schon morgens, ehe wir angekleidet waren, sagte nur in dem vergnügten Bestreben, die Stärke des Gemeinschaftsgefühls zu erproben, der eine zum andern gutgelaunt, herzlich, von einer Art Patriotismus beseelt: »Wir dürfen heute keine Zeit verlieren; bedenke, daß Samstag ist!«, während meine Tante, die sich gerade mit Françoise beriet, in dem Gedanken, daß der

Ein Menü in Combray

Spargel

Eier in Förmchen mit Rahm

Filets vom Butt

Erbsen auf französische Art

Schokoladencreme

Brioche

Nachmittag länger sein werde als sonst, die Meinung äußerte: »Wie wäre es, wenn wir ihnen einen schönen Kalbsbraten machten?« (In Swanns Welt)

Die zusammengeschweißte Familie verwandelt auch Umstände, mit denen sie direkt nichts zu tun hat, in einen geheimen, nur Eingeweihten verständlichen Ritus. Anstelle der zu erwartenden Unordnung entsteht eine geheimnisvolle Ordnung, von der Außenstehende ausgeschlossen sind:

Diese Späße über den Samstag waren im Grunde die einzigen, die uns amüsierten, denn sie hatten etwas »Nationales« an sich und halfen uns, uns von Fremden zu unterscheiden (…), das heißt von allen, die samstags zur normalen Stunde aßen. (In Swanns Welt, Skizze XLIX)

Samstags ist etwas Phantasie erlaubt, während es ansonsten ein Sakrileg ist, die Zeremonie eines Diners zu stören. Als Marcel Françoise bittet, seiner Mutter, die mit Charles Swann, dem einzig möglichen Gast, bei Tisch sitzt, eine Botschaft zu überbringen, stößt er auf mißbilligendes Schweigen. Jemanden beim Essen stören? Unmöglich. Trotzdem stimmt sie schließlich zu …

(…) Kurz darauf kam sie zu mir und meinte, man sei erst »beim Salat« und der Diener habe den Brief nicht übergeben können, doch sobald man die Wasserschalen zum Mund- und Fingerreinigen auftrage, würde er von der Gelegenheit profitieren und Mama den Brief überreichen (…). Es schlug zehn Uhr. Monsieur Swann ging. Ich hörte, wie Mama meinen Vater fragte, ob ihm das Diner geschmeckt habe, wie das Eis gewesen sei und ob Monsieur Swann ein zweites Mal von dem Schokoladenbiskuit genommen habe (…). (In Swanns Welt, Skizze X)

Wie ein Balsam beruhigen die in der Nacht geflüsterten Gerichte das ängstliche Kind, das die Wangen seiner Mutter »mit Küssen überhäufen« möchte.

Bis zu seinem zehnten Lebensjahr fährt Marcel Proust jedes Jahr nach Illiers. Ab und zu lassen ihn seine Eltern dort zu heilsamen »Ferien« allein, das Schlimmste, was er sich vorstellen kann, denn er ist *von Mama getrennt*. Doch dann verbieten die Ärzte, die zuvor den anfälligen Jungen zur Erholung »an die frische Luft« geschickt hatten, weitere Aufenthalte auf dem Land, nachdem er im Bois de Boulogne zum ersten Mal einen Erstickungsanfall hatte. Man hatte Angst, Pollen könnten Asthma oder Heuschnupfen auslösen. 1886 besucht Marcel mit seinen Eltern nach dem Tod seiner Tante Elisabeth ein letztes Mal Illiers. Er ist fünf-

»Eine Schokoladencreme (...),
flüchtig und leicht wie eine
Gelegenheitsdichtung (...).«

»Diese so einsichtsvolle und
tätige Dienerin (Françoise)
(...) sah ebenso schön aus,
wenn sie schon früh um fünf
in ihrer Küche stand mit der
Haube, deren schimmernde,
steife Fältelung wie aus Bis-
kuit gemacht wirkte, als
wenn sie sonntags zum
Hochamt ging.« (Links)

zehn Jahre alt und erinnert sich, auch wenn die Lektüre einen Großteil seiner Zeit absorbiert, an die starken Gefühle, die er hier während seiner Kindheit erlebt hatte.

Zum ersten Mal entdeckt er, wie bitter und zugleich großartig es sein kann, sich zu erinnern. Dieser Aufenthalt in Illiers ist nichts anderes als ein Vorspiel der langen Jahre, die er sich in seinem Zimmer am Boulevard Haussmann Nr. 102 einschließt, bevor er in diesem »erbärmlichen Zimmer in der Rue Hamelin« lebt, das François Mauriac beschrieben hat. Die Besucher wissen allerdings nicht, daß dieses unordentliche Zimmer, das an das eines Kranken erinnert, in Wirklichkeit ein Feinschmeckertempel ist. Ihr Gastgeber »mit dem wachsbleichen Gesicht«, der sich damit zufriedengibt, ihnen beim Essen zuzusehen, erarbeitet in den Schulheften, die sich auf dem Tisch auftürmen, eine Küche, deren Geheimnisse nur er selbst kennt und die dem Bedauern über das »niemals mehr« den würzigen, süßen Geschmack des wiedergefundenen Glücks verleiht.

»(...) so hatte die strahlende, unbewegliche und bereits vollständige Armee aus Tellern, dem neben den Tellern aufgereihten Besteck, den in Reih und Glied angeordneten Salzfäßchen, den weniger zahlreichen, dafür aber höheren Karaffen, die die Rangordnung festlegten, und vor allem die zu Häubchen geformten Servietten, die Félicie immer erst im letzten Moment faltete, auf dem Eßtisch Aufstellung bezogen (...).« (Oben)

»Der gläserne Apparat, in dem der (...) Onkel selbst am Tisch den Kaffee zubereitete, ein Apparat mit komplizierten Röhren wie ein physikalisches Gerät, das einen guten Geruch hatte (...).« (Rechts)

»Wir saßen immer noch vor den Tellern mit den Bildern aus Tausendundeiner Nacht, beschwert von Hitze und dem guten Mahl.«
Teller, 3ᵉ Kalender, Fils de Roi, Privatsammlung Paris. (Umseitig)

DIE DAME IN ROSA

Alfred Stevens, La Dame en rose, Musées royaux des Beaux-Arts, Brüssel. (Oben)

»Der *Wintergarten,* den in jenen Jahren der Vorübergehende in allen möglichen Straßen sehen konnte ...« (Gegenüberliegende Seite)

»Wie anders dagegen ein *Neuer,* den Odette sie einzuladen gebeten hatte (...), ein Graf von Forcheville.« (Links)

Das erste Glück: im Park an den Champs-Elysées mit Lucie und Antoinette Faure und vor allem Marie Benardaky, die, so schreibt er, seine *erste große Liebe gewesen war, ohne daß sie das je gewußt hatte.* Marcel nimmt sie als Vorbild für Gilberte Swann, die schlecht beleumundete Tochter von Charles und Odette Swann. Marie Benardakys Vater ist zwar ein ehrbarer Zeremonienmeister am Hofe des Zaren, doch ihre Mutter gehört zur Halbwelt und wird in der Tat von der guten Gesellschaft nicht empfangen.

Der Schriftsteller gesteht, als er *Gilbertes Ankunft auf den schneebedeckten Champs-Elysées* beschrieb, an seine Jugendfreundin gedacht zu haben. Doch der Erzähler sieht dieses kleine *Mädchen mit rotblondem Haar* und den schwarzen, funkelnden Augen nicht zum ersten Mal. Es tauchte bereits in Combray am Ende eines langen Spazierganges *In Swanns Welt* auf, hinter der wunderbaren Weißdornhecke. *Wie versteinert* war der Knabe gewesen, der sie später in Paris wiedertraf. Diese Begegnung markiert Marcels Eintritt in das mondäne Leben. Gilberte ist faszinierend; ihre Mutter Odette erschien dem Jungen wie eine von ihrem Gatten Charles Swann zu einer Göttin erhobenen Frau. Nur die kurze und nicht leicht zu verstehende Leidenschaft, die dieser elegante, vornehme Mann für die »Demi-Mondaine« Odette de Crécy empfindet, kann die *unpassende Heirat* erklären. Wie hatte dieser anspruchsvolle Dandy sich von dem Charme einer Frau fesseln lassen, *die nicht sein Genre war?* Lange vor der Geburt des Helden hatte Odette versucht, Swann zu umgarnen, und ihn zu diesem Zweck zu einem »Tee« eingeladen:

Sie hielt es für originell und charmant, wenn sie zu einem Mann sagte: »Sie finden mich alle Tage zu späterer Stunde zu Haus, kommen Sie doch und trinken Sie Ihren Tee bei mir.«

»Und Sie«, hatte sie hinzugesetzt, »kommen wohl gar nicht einmal zu mir zum Tee?« Er hatte laufende Arbeiten vorgeschützt, eine Studie über Vermeer van Delft, die er in Wirklichkeit vor Jahren schon wieder aufgegeben hatte. »Ich verstehe ja, daß ich armes Geschöpf nicht gegen so große Gelehrte wie Sie aufkommen kann«, hatte sie zur Antwort gegeben. »Ich käme mir vor wie ein Frosch vor dem Areopag. Und dabei würde ich mich so gern bilden, Wissen erwerben, eingeweiht sein. Ich denke es mir riesig amüsant, in alten Büchern zu stöbern und die Nase in vergilbte Papiere zu stecken«, hatte sie mit der selbstzufriedenen Miene einer eleganten Frau hinzu-

gefügt, die von sich behauptet, es sei ihr größtes Vergnügen, ohne Angst vor Verunreinigung schmutzige Dinge anzufassen und zum Beispiel beim Kochen selbst »mit Hand anzulegen«. (In Swanns Welt)

Madame Swann, die die schnöde und zuweilen auch brutale Realität des Kochens verachtet, bietet ihren Gästen ausländische Gerichte an, die in ihren Augen den Vorzug hatten, en vogue zu sein. Sie vermeidet bewußt die von Françoise repräsentierte ländliche Tradition und will so wohl die eigene Herkunft verschleiern, das schwerwiegendste Hindernis für ihren sozialen Aufstieg. Der zu der Zeit so beliebte, dem Ephemeren huldigende Snobismus tritt an die Stelle der altehrwürdigen Familientradition. Odette bedient sich der damals modischen Anglizismen. Gilberte ist ein vollkommenes Ebenbild ihrer Mutter: Die zeremonielle Teestunde, der Gebrauch englischer Ausdrücke und die Wahl der Speisen werden von der gleichen Mode beeinflußt, die auch dem jungen Helden als »chic« erscheinen:

Um halb ein Uhr entschloß ich mich endlich, in das Haus zu treten, das wie ein großer, zur Weihnacht mit Gaben gefüllter Schuh mir unbeschreibliche Genüsse zu verheißen schien. (Das Wort Weihnacht war übrigens bei Madame Swann und bei Gilberte unbekannt; sie hatten es durch Christmas ersetzt und sprachen nur vom Christmaspudding, von den Geschenken, die sie zu Christmas bekommen hätten und von ihrer Absicht — ich wurde rasend vor Schmerz dabei —, zu Christmas zu verreisen. Selbst zu Hause hätte ich mich geschämt, noch von Weihnachten zu reden, und sprach nur von Christmas, was mein Vater ungemein lächerlich fand.) (Im Schatten junger Mädchenblüte)

Die mondänen Rituale sind genauso komplex wie der Kode, der die Mahlzeiten in Combray regiert. Marcel muß dies während eines Mittagessens bei den Swanns leidvoll erfahren:

Im Augenblick, als ich aus dem Vorzimmer in den Salon gehen wollte, reichte mir der Diener ein langes, schmales Kuvert mit meinem Namen darauf. Verwundert dankte ich ihm und starrte auf den Briefumschlag. Ich wußte nicht besser, was ich damit anfangen sollte, als ein Ausländer angesichts der kleinen Instrumente, die den Gästen bei chinesischen Mahlzeiten hingelegt werden. Ich sah, daß der Umschlag geschlossen war, fürchtete, indiskret zu sein, wenn ich ihn sogleich öffnete, und steckte ihn mit überlegener Miene ein. (...)

(...) Inzwischen war man zu Tisch gegangen. Neben

*meinem Teller fand ich eine Nelke, deren Stengel in Sil-
berpapier gewickelt war. Sie machte mir etwas weniger
Kopfzerbrechen als der Briefumschlag, der mir im Vorzimmer überreicht worden war. Der Brauch, wiewohl
neu für mich, schien mir ganz überzeugend, als ich alle
anderen anwesenden Herren eine gleiche Nelke vom
Tisch aufnehmen und in das Knopfloch des Rockauf-
schlages stecken sah. Mit der unbefangenen Miene eines
in eine Kirche geratenen Freidenkers (…) machte ich es
wie sie. Ein anderer unbekannter, doch weniger an die
Mode gebundener Usus mißfiel mir dagegen schon mehr.
Auf der anderen Seite meines Tellers stand ein kleinerer,
gefüllt mit einer schwärzlichen Substanz, von welcher
ich nicht wußte, daß es Kaviar war. Ich hatte keine Ah-
nung, was man damit machen sollte, beschloß jedoch
auf alle Fälle, nicht davon zu essen.*

(Nach der Rückkehr) *Als ich meine Eltern verlassen
hatte, zog ich mich um, und beim Ausleeren meiner Ta-
schen fiel mir der Umschlag in die Hände, den der erste
Diener bei Swanns mir übergeben hatte, bevor er mich
in den Salon geleitete. Jetzt, da ich allein war, öffnete ich
ihn und fand darin eine Karte mit dem Namen der Dame, die ich zu Tisch führen sollte.* (Im Schatten junger
Mädchenblüte)

Die Einführung in weltmännisches Verhalten
schärft, wenn auch auf einem Nebengebiet, Beobach-
tungsgabe und Phantasie. Doch es handelt sich um keine unnütze Übung: Bevor man zum Wesentlichen gelangt, verliert man in der Regel viel Zeit mit Belanglo-
sigkeiten. Das Mittagessen, *das Madame Swann als
Lunch bezeichnete,* und das Diner stellen beim Erlernen
der Gesellschaftsformen entscheidende Etappen dar.

Tee-Einladungen sind privilegierte Momente; Geschmack und Empfindungen werden dabei geschärft.
Diese anscheinend so unbedeutenden Ereignisse spielen
sich in feierlicher Atmosphäre ab. Gilbertes Eßzimmer
und Odettes Boudoir, in dem sie Swann den Tee serviert, sind in geheimnisvolles Dunkel gehüllt. Mit Hilfe
der Gourmandise wird die Verbindung zu dem geliebten Wesen hergestellt. Bei Gilberte gewinnt der Kuchen,
um den herum sich die Kommunikation zwischen der
Heranwachsenden und ihrem bis über die Ohren ver-
liebten Verehrer etabliert, eine mythische Dimension
und wird ein legendärer *Palast des Königs Darius.* Diese ersten Gefühlsregungen haben für den, der sie *wie
versteinert* entdeckt, etwas Märchenhaftes an sich:

*Die Teegesellschaften, die Gilberte für ihre Freundin-
nen veranstaltete und die mir so lange Zeit hindurch als*

Laure Hayman (1851 bis
1932), Photo von Paul Nadar
vom 25. November 1879.
Diese »Demi-Mondaine«,
Freundin zahlreicher Män-
ner von Welt, Schriftsteller
und Künstler, brach mit
Proust, als sie sich in der
Person Odettes erkannte.
Der Schriftsteller mußte sein
ganzes diplomatisches Ge-
schick aufbieten, um sie zu
überzeugen, daß sie irrte.
(Oben)

Im Parc Monceau, 1885.
Marcel Proust mit Spielge-
fährtinnen. Neben ihm Lu-
cie Faure, die Tochter des
späteren französischen Prä-
sidenten Félix Faure. (Unten)

unüberwindlich zwischen ihr und mir sich auftürmende Hindernisse erschienen waren, wurden jetzt für uns eine Gelegenheit, uns zusammenzufinden (...).

An diesen Tagen der Teegesellschaft gelangte ich dann, nachdem ich mich Schritt für Schritt, schon allen Denkens und aller Erinnerung bar, nur noch ein Spielball dumpfer Reflexe, die Treppe hinaufbegeben hatte, in die Zone, wo das Parfüm von Madame Swann sich stärker bemerkbar machte. Ich glaubte schon den imponierenden Schokoladenkuchen vor mir zu sehen, umrahmt von einem Kranz kleiner Teller mit Petits fours und von gemusterten grauen Damastservietten, die die Etikette verlangte oder die eine Besonderheit des Hauses Swann darstellten.

(...) Wenn wir alle in Gilbertes kleinem Salon versammelt waren, schaute sie plötzlich auf die Uhr und sagte:

»Was meint ihr, das Mittagessen ist schon so lange her, und wir essen erst um acht Uhr zur Nacht; ich finde, man könnte etwas zu sich nehmen. Was haltet ihr davon?«

Sie ließ uns dann in das große Speisezimmer eintreten, das düster wie das Innere eines von Rembrandt gemalten asiatischen Tempels war und wo ein architektonisch aufgetürmter Kuchen, ebenso gutartig und traulich, wie er achtunggebietend war, ganz zufällig zu thronen schien, wie an jedem beliebigen anderen Tag für den Fall vorgesehen, daß Gilberte Lust bekäme, seine Schokoladenzinnen abzutragen und seine Wälle mit den graugelben steilen Hängen zu stürmen, die wie die Bastionen am Palast des Königs Darius im Ofen hartgebrannt waren. Besser noch, um an die Zerstörung dieses ninivitischen Gebäcks zu gehen, befragte Gilberte nicht nur ihren eigenen Appetit, sondern sie berücksichtigte auch den meinigen, während sie für mich aus dem in Trümmer sinkenden Bauwerk eine ganze glasierte und in orientalischem Geschmack mit scharlachroten Früchten ausgelegte Ecke heraushieb. (...) Ich nahm mir von dem Kuchen, ohne es zu merken; aber der Augenblick kam, da ich ihn innerlich verarbeiten mußte. Doch das war ja noch lange hin. Inzwischen reichte Gilberte mir »meinen« Tee. Ich trank zahllose Tassen davon, wo doch schon eine einzige mich vierundzwanzig Stunden nicht schlafen ließ. (...) Aber wußte ich denn überhaupt, wenn ich bei Swanns war, daß es Tee war, was ich trank?

Gilbertes Freundinnen waren nicht alle ebenfalls von diesem Rauschzustand erfaßt (...). Manche dankten für Tee! Da sagte dann Gilberte mit einer Wendung, die da-

Der dreizehnjährige Marcel Proust bei einem Kostümfest als »Kleiner Lord Fauntleroy«. (Oben)

»Sie (...) empfing ihn in einem mauvefarbenen Morgenrock, dessen reichbestickte Enden sie (...) über der Brust zusammenhielt.« (Gegenüberliegende Seite)

»Ja schau, das sieht aber gut aus, was ihr da habt. Ich bekomme direkt Appetit, wenn ich euch euren Cake essen sehe.« (Folgende Seiten)

mals in Mode gekommen war: »Offenbar habe ich mit meinem Tee keinen Erfolg.« (...) Sie saß knabbernd seitwärts auf einem X-Hocker, der schräg zu den anderen Stühlen stand (...).

Wenn Madame Swann (...), nachdem sie einen Besucher zur Tür geleitet hatte, einen Augenblick flüchtig eintrat (...), stellte sie mit erstaunter Miene fest:

»Ja schau, das sieht aber gut aus, was ihr da habt. Ich bekomme direkt Appetit, wenn ich euch euren Cake essen sehe (...).« (Im Schatten junger Mädchenblüte)

Auch Odettes Empfangsräume waren stark orientalisch geprägt:

Eine gerade Treppe führte zwischen dunkel gestrichenen Wänden, von denen orientalische Stoffe, türkische Rosenkränze und an einer Seidenschnur eine große japanische Laterne (die aber, um den Besuchern nicht die letzten Errungenschaften der Zivilisation vorzuenthalten, eine Gaslampe enthielt) herunterhingen, zum Salon und Wohnzimmer hinauf. Vor ihnen lag ein kleiner Garderobenraum, dessen Wand mit einer Art von vergoldetem Spalier bedeckt und von einem in seiner ganzen Länge rechteckigen Kasten begleitet war, in dem wie in einem Treibhaus jene großblumigen Chrysanthemen blühten, die zu jener Zeit noch selten waren, aber weit hinter denen zurückblieben, die heute die Kunst der Gärtner erzielt. Swann hatte an sich etwas gegen die Blume, die im Laufe der letzten Jahre derart in Mode gekommen war, aber diesmal hatte es ihn gefreut, das Halbdunkel des Raumes von den duftigen, strahlenförmigen Blättern dieser Blüten, die an grauen Tagen um so leuchtender werden, in rosigen, orangefarbenen und weißen Streifen aufgehellt zu sehen. Odette hatte ihn in einem Hausgewand aus rosa Seide, das den Hals und die Arme freiließ, empfangen. Sie hatte ihn auf einen Sitz neben sich in eine jener kleinen lauschigen Nischen gezogen, die in den Winkeln des Salons durch riesige Palmen in Topfhüllen aus chinesischem Porzellan oder durch Wandschirme, an denen Photographien, Bandschleifen und Fächer befestigt waren, erst geschaffen wurden. (...) Die zahlreichen Lampen (...) zauberten, einzeln oder zu zweien auf verschiedenen Möbeln wie auf Altären aufgestellt, in dem schon beinahe nächtlichen Dunkel des Winternachmittags einen um so dauerhafteren, rosigeren und menschlicheren Sonnenuntergang hervor (...). (In Swanns Welt)

Die Zimmer, in denen sich die Initiationszeremonien der Liebe abspielen, sind mit beinahe religiöser Inbrunst geschildert. Der »asiatische Tempel«, in dessen Zentrum Gilbertes Schokoladenkuchen thront, und

Odettes Salon, in dem Lampen auf Möbeln *wie auf Altären* aufgebaut sind, sind magische, vor der Welt verborgene Orte. Der subtile Akkord zwischen einer weiblichen Gegenwart und der Befriedigung von Eßgelüsten helfen bei der Verführung:

Odette bereitete Swann seinen Tee und fragte ihn: »Zitrone oder Rahm?« Wenn er »Rahm« antwortete, setzte sie lachend hinzu: »Aber nur einen Tropfen!« Fand er ihn gut, so sagte sie: »Sehen Sie, ich weiß jetzt schon, wie Sie ihn gern trinken.« Dieser Tee war schließlich auch Swann als etwas so Kostbares erschienen wie sie selbst, und so sehr hat die Liebe das Bedürfnis, sich eine Rechtfertigung und eine Garantie ihrer Dauer zu verschaffen durch Vergnügungen, die ohne sie keine solchen wären und mit ihr wieder aufhören, es zu sein, daß er, als er sie um sieben Uhr verlassen hatte, um sich zu Hause umzuziehen, während der Fahrt in seinem Wagen in dem Übermaß an Freude, die dieser Nachmittag ihm bereitet hatte, sich mehr als einmal sagte: »Es müßte wirklich sehr angenehm sein, so eine nette Person ganz für sich zu haben, bei der man etwas so Seltenes fände wie einen wirklich guten Tee.« (In Swanns Welt)

Zu dieser Rechtfertigung des praktischen Komforts gesellt sich *In Swanns Welt* eine ästhetische:

Da auf einmal erkannte Swann, daß sie auf frappante Weise der Gestalt Sephoras, der Tochter Jethros, auf einer der Fresken in der Sixtinischen Kapelle glich. (...) Nun, da er das fleischgewordene Original der Tochter Jethros kannte, wurde aus der unbestimmten Sympathie (...) ein Besitzverlangen, wie es Odette in ihrer körperlichen Erscheinung ihm zunächst nicht hatte einflößen können. Wenn er den Botticelli lange genug betrachtet hatte, dachte er an »seinen« Botticelli, den er noch schöner fand; er zog die Photographie der Sephora näher an sich heran und glaubte, Odette ans Herz zu drücken. (In Swanns Welt)

Der Kunstliebhaber und der Feinschmecker verschmelzen miteinander.

Odette wird mit einer Farbe aus der unendlichen Palette von *Auf der Suche nach der verlorenen Zeit* besonders gezeichnet, dem Rosa. Die Kurtisane empfängt im hellen Rosa ihres Boudoirs, trägt ein *Hausgewand aus rosa Seide* und schmückt ihre Vasen mit rosa Chrysanthemen. Ihre Tochter Gilberte taucht hinter einer weiße und rosa Blüten tragenden Weißdornhecke auf. Die rosa Biskuits von Combray sind genau wie die Sahne, in der Erdbeeren zerdrückt werden, bis sie das gewünschte Rosa erreicht haben, für den Helden Signale

TEE-EINLADUNG BEI GILBERTE

Petits fours

Christmaspudding

Englischer Kuchen mit Rosinen

Toasts

Tee

»Um alle Steifheit zu verbannen, lockerte sie die Ordnung der Stühle rings um den Eßtisch auf. (Gilberte sagte:) ›Wir sehen ja aus wie eine Hochzeitsgesellschaft. Gott, sind diese Dienstboten dumm!‹« (Oben)

des Wünschens, des Begehrens. Mutter und Tochter spielen eine nahezu identische Rolle, die erste in Swanns Leben, die zweite in dem von Marcel; später erfährt der Leser, in wie beinahe anachronistischem Maß Swann mit dem Helden verbunden ist. Dieselbe Odette de Crécy, die in dem jungen Mann eine heftige Leidenschaft erweckt, provoziert auch den Bruch des Onkels des Helden mit seiner Familie. Der junge Mann wurde *ein- oder zweimal monatlich in Paris zu* (ihm) *geschickt und traf ihn dann, wie er in einer einfachen Hausjoppe sein Mittagessen beendete;* dieser Onkel Adolphe trägt die Züge von Marcel Prousts Großonkel Louis Weil.

In den Augen seines Neffen, *der zu jener Zeit (...) eine große Verehrung für das Theater hegt,* zeichnet sich der Onkel durch einen (von der Familie durchaus nicht als solchen empfundenen) Vorzug aus: Er kennt eine bedeutende Anzahl der berühmtesten Schauspielerinnen und Kokotten, ohne daß sein Neffe die einen von den anderen unterscheiden kann. Bei diesen Besuchen schenkt ihm der Onkel *Marzipan oder eine Mandarine.* Bei einem unangemeldeten Besuch, dessen Ablauf er seinen Eltern — entgegen seinem Versprechen dem Onkel gegenüber — in allen Einzelheiten schildert, wird er *von schwärmerischer Liebe zu der Dame in Rosa erfaßt,* die er an diesem Tag kennenlernt. *Auf dem Tisch stand der gleiche Teller Marzipan wie gewöhnlich; mein Onkel hatte die übliche Hausjoppe an, aber ihm gegenüber saß im rosa Seidenkleid mit einem großen Perlenkollier um*

»(...) wo ein architektonisch aufgetürmter Kuchen, ebenso gutartig und traulich, wie er achtunggebietend war, ganz zufällig zu thronen schien, wie an jedem beliebigen anderen Tag für den Fall vorgesehen, daß Gilberte Lust bekäme, seine Schokoladenzinnen abzutragen (...).«

den Hals eine junge Frau, die gerade eine Mandarine verspeiste. *So bezauberte Odette de Crécy den jungen Gymnasiasten, dem es viele Jahre später nicht gelang, in Madame Swann die Dame in Rosa seiner Kindheit wiederzuerkennen.

Süßigkeiten begleiten diesen Ausflug in die Welt der Galanterie, ein fernes und im Ablauf des Romans völlig anachronistisches Präludium zu Gilbertes prächtigen Tee-Einladungen.

Die Farbe Rosa dient folglich als Signal, das eher erdachter als wirklich erlebter Sinnenlust vorausgeht oder diese wieder ins Gedächtnis ruft. Der Geschmack bleibt der zuverlässigste Helfer des Gedächtnisses: Der *Hummer auf amerikanische Art,* der nach dem Kochen dieses lebhafte Rosa annimmt, »strahlt« im Gedächtnis des Erzählers, der endlich in den intimen Kreis der Familie Swann aufgenommen ist:

Wie hätte ich noch von dem Eßzimmer träumen können als von einer unerhörten Stätte, während ich doch im Geiste darin bei jedem Schritt auf die Strahlen traf, die ungebrochen bis in meine fernste Vergangenheit hinein der Hummer à l'américaine entsandte, den ich noch eben dort aß? (Im Schatten junger Mädchenblüte)

Odette läßt nur ein einziges, »nichtexotisches« Gericht auftragen: Œufs à la crème, mit Sahne zubereitete Rühreier. Der junge Gast freut sich bereits so im voraus darauf, daß er an manchen Tagen vor dem »Sanktuarium« der Swanns auf und ab geht, weil er aus lauter Ungeduld viel zu früh zum *Lunch* eintrifft.

Von weitem sah ich, wie in Swanns Vorgarten die Sonne den Reif auf den kalten Zweigen der Bäume auffunkeln ließ. Allerdings standen nur zwei darin. (...) Zu solchen Naturfreuden (die durch ihr Herausfallen aus dem Alltäglichen und sogar durch den Hunger noch intensiviert wurden) gesellte sich die aufregende Aussicht auf ein Mittagsmahl bei Madame Swann (...). Sie war wie eine Ouvertüre zu den Œufs à la crème, eine Patina, eine kühle, rosige Glasur für das Mauerwerk der geheimnisvollen Kapelle, als die mir die Swannsche Behausung erschien, in deren Innerem mich dann im Gegensatz dazu soviel Wärme, Duft und Blütenpracht empfing. (Im Schatten junger Mädchenblüte)

DAS PARADIES BEIM MILITÄR

»Während er sich wusch, stellte er sich mit Vergnügen das Abendessen vor, das ihn erwartete, sobald er nach dem Gang durch das schon dunkle Orléans im Café du Loiret anlangen und in den hübschen kleinen Raum mit dem schönen, lodernden Kaminfeuer hinabsteigen würde, wo sein Leutnant sein Essen veranstaltete.«

Infanterist Marcel Proust in der Uniform des 76. Infanterieregiments während seines freiwilligen Wehrdienstes 1889-1890.

»Wir aßen ausgezeichnete junge Rebhühner (...) und tranken dazu Champagner Cliquot.«

Marcel Proust schreibt über die Seite »Confidences de Salon« des 16. Bandes der *Revue illustrée: Marcel Proust par lui-même*. Unter anderem will man bei diesen »Geständnissen« wissen, welche militärische Handlung er am stärksten bewundere. Er antwortet: *Mein freiwilliger Militärdienst*.

Leicht ironisch bestätigt er 1892, wie gern er sich an den nur zwei Jahre zurückliegenden Militärdienst erinnert. Gegen Ende seines Lebens schreibt er in einem Brief an Binet-Welner, er habe ihn *wie ein Paradies empfunden*, denn man habe ihn dort *sehr geliebt* und er habe *gespürt, daß man dort so nützlich sein konnte, daß er keinen Abschied nehmen wollte*. Er geht nach seinem Abitur freiwillig zum Militär, um ein nicht allzu weit von Paris entfernt liegendes Regiment aussuchen und nach einem Jahr die Armee wieder verlassen zu können. Er verbringt seine Militärzeit vom 15. November 1889 bis zum 14. November 1890 beim 76. Infanterieregiment in der Kaserne Coligny in Orléans.

Die Kameraden nehmen einen wichtigen Platz in seinem Militärleben ein. Trotz seiner Krankheit macht er, ohne zu zögern, bei den harten körperlichen Übungen mit; der verwöhnte junge Mann erträgt die Stubengemeinschaft ohne allzu großen Widerwillen. Seine Mutter schreibt ihm im Dezember 1889:

»Ein Monat ist schon vorüber, mein Liebling. Du brauchst nur noch 11 Stücke von dem Kuchen aufzuessen, und eine oder zwei Schnitten werden als Urlaub verspeist.

Ich habe mir etwas ausgedacht, um Dir die Zeit zu verkürzen. Besorge Dir 11 Tafeln Deiner Lieblingsschokolade und nimm Dir vor, immer nur am letzten Tag eines Monats eine zu essen — Du wirst Dich wundern, wie schnell sie wegschwinden — und mit ihnen Dein Exil.«

Sehr schnell wird die noch kindliche Schokolade durch männlichere Speisen ersetzt. Seine Kameraden, die durch seine Asthmaanfälle gestört werden, bitten ihn, ein Zimmer in der Stadt zu nehmen. Er läßt sich bei Madame Renvoyzé nieder, die nur wenige Schritte von der Kaserne Coligny entfernt am Faubourg Bannier Nr. 92 eine Pension mit angeschlossenem Restaurant unterhält. Er beschreibt das Haus in *Jean Santeuil*:

Jedes einzelne Zimmer im Hause wurde von einem von Luces Freunden bewohnt, denn da sie ihren Dienst zusammen hatten, wollten sie auch gern in der Stadt zusammen hausen. Unten gab es ein gemeinsames Speisezimmer, in dem sie jeden Abend zum Essen zusammenka-

men (…); der eine pflegte bei dem anderen seine Briefe zu lesen und seinen Tee zu trinken. (…) Sie kamen, um (…) einen Briefbogen oder um einen englischen Zwieback für ihren Tee (…) zu bitten. (Jean Santeuil)

Ein freieres Leben beginnt, und der Tee wird schon bald durch Punsch ersetzt:

Sie gingen zusammen den Faubourg Bannier hinunter und gelangten zu einem kleinen Haus, in dem sie ihre Zimmer hatten. Sie öffneten die Tür, nahmen ihre Briefe an sich und gingen hinauf. Glücklicherweise war es oben warm. Jean bat Madame Renvoyzé, ihm Punsch heraufzuschicken, den er den anderen vorzusetzen gedachte. »Können Sie mir den brauen?« »Aber gewiß doch, ich laufe gleich zur Kolonialwarenhändlerin und kaufe für zwei Sous Zucker. Ein bißchen Rum habe ich sicher noch da. Außerdem werde ich zwei gut reife Orangen mitnehmen. Ist es richtig so? Es gibt dann sicher genug für alle Herren aus.« (Jean Santeuil)

Dieses Getränk begleitet eine Periode intensiven Glücks. Von Paris und dessen Salons weit entfernt stößt Marcel wieder auf die glühenden Öfen, an denen die Köchin seiner Kindheit arbeitet. Er bestellt bei seinen erstaunten Eltern eine große Menge Wein. Seine Mutter widmet in ihrem Brief vom 28. August 1890 das zweite Kapitel dem Thema »Über den Weingenuß«:

»Ich habe mit dem Geschäft abgesprochen, wie er dir zugestellt werden soll. Sie warten nur noch auf den Mobilisierungsbefehl. Aber dein Vater fährt mit peinlicher Genauigkeit dazwischen:

›Was will er? Wenn er ihn zu den Mahlzeiten trinken will — dann braucht er Weißwein — aber dazu paßt kein spanischer Dessertwein — schlimm —

Wenn er nur spanischen Wein verlangt, will er ihn zum Dessert, aber was trinkt er dann zu den Mahlzeiten?

Das muß geklärt sein, bevor irgend etwas geschickt wird.‹«

Handelt es sich bei diesem mysteriösen »Weingenuß« vielleicht um dessen Verwandlung in Punsch?

Der Vater, der es lächerlich findet, Weihnachten durch Christmas zu ersetzen, handelt wieder einmal mit gesundem Menschenverstand. Doch der junge Rekrut wird von dem Charme einer fröhlichlärmenden Gesellschaft betört, in der sich so leicht Freundschaften schließen lassen. Die Uniform anziehend, hat er endlich den Eindruck, so zu sein wie die anderen. Das Gefühl, einer Bruderschaft anzugehören, berauscht ihn:

Die Tür öffnete sich, und Montargis trat fröhlich-leb-

Die Kaserne Coligny, in der das 76. Infanterieregiment untergebracht war. Proust leistete hier am Faubourg Bannier in Orléans 1889 bis 1890 seinen Wehrdienst.

haft ein. »Ah! wie wohl man sich bei dir fühlt!« sagte ich zu ihm. »Wirklich?« fragte er verschmitzt. »O ja«, antwortete ich und hatte beinahe Tränen in den Augen, denn dieses Wohlbefinden hatte meine Unruhe für einen Augenblick besänftigt, so daß ich mich glücklich fühlte. »Dann ziehst du es wohl vor, hier zu Abend zu essen und an meiner Seite zu schlafen, als in dein Hotel zurückzukehren?« »Oh! Charles, du bist grausam!« antwortete ich. »Wenn man wüßte, wie sehr ich dort leiden werde, wüßte man, wie barbarisch dieses Verbot ist!« »Du schmeichelst mir, denn ich hatte, noch bevor ich es wußte, die Idee, daß du heute abend hierbleiben wolltest. Und habe den Hauptmann um Erlaubnis gebeten.« »Und er hat zugestimmt!« rief ich. »Ohne jede Schwierigkeit. Jetzt laß mich meine Ordonnanz rufen, damit man sich um dein Abendessen kümmert.« Eine Stunde später wurden wir von zwei Soldaten, die jeden Befehl Charles' mit »Jawohl, Herr Unteroffizier!« beantworteten und durch meine Anwesenheit so eingeschüchtert waren, daß sie einige Male fast die Platten fallen ließen, bedient; wir aßen ausgezeichnete junge Rebhühner, die von der Kantinenwirtin für den Freund von Monsieur le Marquis mit besonderer Sorgfalt zubereitet worden waren, und tranken dazu Champagner Cliquot. (Die Welt der Guermantes, Skizze XV)

Diese Zechereien lassen die Männer zu einer verschworenen Gemeinschaft verwachsen, die den Helden zur Rührung bringt, was den anderen unbegreiflich ist:

Ohne die Gründe dafür zu kennen, wurde Robert meine Rührung gewahr. Diese wurde noch vermehrt durch das Behagen, das die Wärme des Kaminfeuers und der Champagner uns schenkten, die gleichzeitig Schweißtrop-

fen auf meiner Stirn und Tränen aus meinen Augen perlen ließen; der Sekt begleitete eine Rebhuhnmahlzeit; ich aß diese Vögel mit dem Staunen eines Außenstehenden ganz gleich welcher Art, der in einer bestimmten, ihm unbekannten Lebensform auf Dinge stößt, die er daraus verbannt glaubte (eines Freidenkers zum Beispiel, der in einem Pfarrhaus ein ausgezeichnetes Diner vorgesetzt bekommt). (Die Welt der Guermantes)

In dieser Welt existieren auch Frauen, doch nur als Dienerinnen, mit denen man sich für ein paar Louis amüsieren kann:

Ich dachte an Doncières zurück, wo ich mich jeden Abend mit Robert im Restaurant traf, und an die kleinen vergessenen Speisesäle. Vor allem aber mußte ich an einen denken, an den ich mich nie wieder erinnert hatte, einen Saal nicht in dem Hotel, in dem Saint-Loup gewöhnlich zu Abend aß, sondern in einem weit bescheideneren, einem Mittelding zwischen Gasthof und Familienpension, in dem wir von der Wirtin und einem Serviermädchen bedient wurden. (…) Man brachte mir die Speisen nach oben in ein ganz und gar mit Holz getäfeltes Gemach. Die Lampe ging während des Essens aus, und die Bedienerin zündete zwei Kerzen für mich an. Ich tat so, als sähe ich nicht recht gut, und als ich ihr meinen Teller reichte, auf den sie mir die Kartoffeln tat, führte ich ihr mit der Hand den nackten Unterarm. Als ich sah, daß sie nicht zurückzuckte, streichelte ich ihn, zog sie, ohne ein Wort zu sagen, ganz an mich heran, blies die Kerze aus und schlug ihr vor, mich nach Geld zu durchsuchen. (Die Welt der Guermantes)

Kräftige Speisen ersetzen die im Gedächtnis verblassenden Menus Odettes, während der *versteinerte* Liebhaber sich in einen wagemutigen Burschen verwandelt:

In gigantischen Küchen werden solide Festmahle zubereitet, die der alte Ritter würdig gewesen wären:

Im Hof, von dem aus man die Küche sehen konnte, in der über offenen Flammen Hühnchen und Schweine am Spieß gebraten wurden, rannte ein Küchenjunge und hielt eine sich heftig wehrende Gans am Hals; als ich den großen Speisesaal betrat, erinnerten mich die zahlreichen Poularden, Fische und Fasane, die von den atemlosen Kellnern gebracht wurden, noch dampfend heiß waren und sofort auf dem großen Anrichtebuffet zerlegt wurden, an die Hochzeit von Kana. (Die Welt der Guermantes, Skizze XV)

Austern essen heißt, sich *mit dem Leben im Meer eins fühlen,* und die Sinnenlust stimmt den Menschen auf die Kräfte der Natur ein:

Sobald die Austern, die in der Regel das Diner in der kaum geschmückten, schwarzverräucherten gotischen Kapelle eröffneten, mit einem Glas Sauternes aufgetragen wurden, trank ich, um mich mit dem Leben im Meer eins zu fühlen, ein paar Tropfen gesalzenes Wasser (…); ich war völlig von dem Charme dieser jungen, intelligenten Männer gefangen, die in ihrer von mir noch nie erlebten Liebenswürdigkeit plötzlich meine Freunde zu sein schienen. (Die Welt der Guermantes, Skizze XV)

Liebschaften mit Mägden und ausschweifende Mahlzeiten vereinen sich zu einem prächtigen, eines Bruegel würdigen Gemälde. Als Apotheose seines Aufenthaltes in Doncières können wir die Vorbereitungen zu den heidnischen Winterfesten betrachten, die dem Café du Loiret die Farben einer flämischen Kirchweih verleihen. Die Flammen einer eines Vulkan würdigen Schmiede erinnern an den auf Hochglut erhitzten Herd Françoises und an das schöpferische Feuer in Combray:

In dem Hotel aber, in dem ich mich mit Saint-Loup und seinen Freunden traf und in das die nahenden Feiertage viele Leute aus der Nachbarschaft und zahlreiche Fremde geführt hatten, fand, während ich den direkten Weg durch den Hof nahm, der den Blick in hellerleuchtete Küchen freigab, in denen Hähnchen am Spieß sich drehten und Spanferkel am Rost gebraten wurden, wo noch lebende Hummer in den siedenden Höllenpfuhl kamen, wie es der Hotelfachmann nennt, ein Zusammenströmen (ganz einer Schätzung von Bethlehem würdig, wie die alten flämischen Meister sie malten) von Ankommenden statt, die sich in Gruppen im Hof versammelten und den Wirt oder einen seiner Gehilfen (…) fragten, ob sie Verpflegung und Unterkunft bekommen könnten, während ein Küchenjunge mit einem sich sträubenden Federvieh vorüberlief, das er am Hals gefaßt hielt. (Die Welt der Guermantes)

In diesem biblischen Fresko ist der *bildhauerisch be-*

»(…) ein Zusammenströmen, ganz einer Schätzung von Bethlehem würdig, wie die alten flämischen Meister sie malten (…).«
Pieter Bruegel, Schätzung in Bethlehem, Musées royaux des Beaux-Arts, Brüssel. (Rechts)

»Meine Rührung (…) wurde noch vermehrt durch das Behagen, das die Wärme des Kaminfeuers und der Champagner uns schenkten (…). Der Sekt begleitete eine Rebhuhnmahlzeit; ich aß diese Vögel mit dem Staunen eines Außenstehenden (…).« (Gegenüberliegende Seite)

gabte Koch, der jeden Tag aus dem Eis und mit Hilfe von Flammen Tiere oder Personen haut, die den Nachtischen als Untersatz dienen, die hell leuchtende Replik des *Michelangelo* aus Combray; sein Werk entsteht aus dem paradoxen Schock zwischen einem rotglühenden Eisen und Eis.

Im Hof des Hotels in Doncières begegnet der Schriftsteller einer Genese, die zwei so entgegengesetzte Dinge wie die Einsamkeit des Erzählers angesichts des großen Speisesaals und das unaufhörliche Hin und Her der Menschen, die Überfülle der Realität, miteinander vereinen soll. Das Ballett der Kellner und die sich auf den Tischen stapelnden Platten mit Speisen stellen eine lebensfrohe, sinnliche und vergängliche Welt dar. Marcel, der von den heftigen Farben und dem Tumult der Menge zunächst wie betäubt ist, macht schon bald hinter diesem Durcheinander *ein ästhetisches Bedürfnis* aus; es handelt sich eher darum, *den Glanz des Festes zu versinnbildli-*

chen, als den Appetit der Gäste zu stillen. Wie gekonnt wird hier aus den zahlreichen Platten mit Wild und Geflügel, die geopfert oder auch verschwendet werden, ein Gemälde kombiniert:

Und auch in dem großen Speisesaal, den ich am ersten Tag durchschritt, um zu dem kleinen Raum zu gelangen, in dem mein Freund auf mich wartete, erinnerten an ein mit der Naivität der alten Zeit und in echt flandrisch ausladender Manier gemaltes biblisches Festmahl die unzähligen Fische, Poularden, Auerhähne, Schnepfen, Tauben, welche, von atemlosen Kellnern herbeigeschleppt, die auf dem Parkett entlangglitten, um rascher zur Stelle zu sein, zum Tranchieren auf der ungeheuren Anrichte abgestellt wurden, wo sie aber — da viele Anwesende mit dem Essen schon fast fertig waren, als ich kam — sich vielfach ungenutzt häuften, ganz als entspräche ihre Fülle und die Eilfertigkeit, mit der sie herbeigeschafft wurden, weit mehr als den Ansprüchen der Speisenden der Achtung vor

DINER UNTER KAMERADEN

Austern von Cancale

Rebhühner in Champagner

Flugente mit Preiselbeeren

Kastanienpüree

Kartoffeln in der Asche

Glasierte Früchte

Punsch

dem Buchstaben der Heiligen Schrift, der gewissenhaft befolgt wurde, jedoch in naiver Weise durch realistische Einzelheiten illustriert, die dem lokalen Leben entnommen waren, oder aber dem ästhetisch und religiös bedingten Bedürfnis, durch die Fülle der Speisen und den Eifer der Auftragenden den Glanz des Festes zu versinnbildlichen. Einer der Bediensteten stand am Ende des Saales träumend neben einem Serviertisch; um ihn — der allein von allen ruhig genug schien, mir eine Antwort zu geben — danach zu fragen, in welchem Raum für uns gedeckt sei, mußte ich zwischen den Rechauds, unter denen die Flammen entzündet waren, um die Mahlzeiten für die Nachzügler warm zu halten (was nicht hinderte, daß inmitten des Saales die Desserts bereits in den Händen einer Riesenfigur ruhten, manchmal von den Flügeln einer Ente aus Kristall, wie es schien, in Wirklichkeit aber aus Eis gestützt, das jeden Tag mit Hilfe eines glühenden Eisens von einem bildhauerisch begabten Koch in ebenfalls ausgesprochen flämischem Geschmack ziseliert wurde), bis zu jenem Jüngling vordringen — auf die Gefahr hin, von den anderen umgerannt zu werden —, in dem ich eine Gestalt wiederzuerkennen glaubte, die traditionell in solchen Darstellungen der biblischen Geschichte erscheint und deren stumpfnäsiges, naives und verzeichnetes Antlitz und träumenden Ausdruck er bis ins kleinste getroffen besaß,

in welcher sich schon die Vorahnung einer göttlichen Gegenwart verrät, die die anderen noch nicht spüren. Zur Vervollständigung muß noch gesagt werden, daß, wahrscheinlich im Hinblick auf das nahende Fest, zu dieser Komparserie noch ein Hilfskorps trat, das ganz und gar aus den himmlischen Scharen von Cherubim und Seraphim rekrutiert zu sein schien. Ein junger musizierender Engel, dessen Blondhaar das Gesicht eines Vierzehnjährigen umrahmte, spielte zwar nicht eigentlich irgendein Instrument, aber vor sich hinträumend stand er vor einem Gong oder einem Tellerstapel, während weniger kindliche Engel sich durch die endlosen Räume des Saales drängten, wobei sie die Luft durch unaufhörliches Wedeln mit Servietten, die ähnlich den spitz zulaufenden Flügeln der frührenaissancischen Malerei lang an ihrem Körper herniederhingen, in Bewegung versetzten. Ich entrann diesen unübersichtlichen Regionen, die von einem Palmenvorhang abgeschlossen wurden, hinter dem die himmlischen Boten von ferne aus einem Empyreum herniederzusteigen schienen, und bahnte mir einen Weg bis zu dem kleinen Nebenraum, in welchem der Tisch für Saint-Loup reserviert war. (Die Welt der Guermantes)

Doncières ist der Ort einer Liebe, die man nicht eingestehen kann, bei der sich junge Männer zu Diners treffen und von doppeldeutigen Engeln bedient werden. Hier wird auch angesichts der beschriebenen Feuerstellen das Temperament eines Schriftstellers geschmiedet. Von seinen Wünschen getrieben, wagt er sich, von den Flammen der Rechauds beleuchtet, allein auf geheimnisvollen Boden vor; er spürt und fürchtet die kommende Grausamkeit. Um den verbotenen Charme dieser *unübersichtlichen Regionen* zu bannen und das Spektakulum der Welt gelassen betrachten zu können, muß er sich bis zum Refugium eines abseits liegenden Ortes mühevoll einen Weg bahnen. Dort kann er endlich diese von den Flammen geläuterten Speisen genießen, flambierte Rebhühner in Champagner, gegrilltes Fleisch, gebratenes Wild, ohne diesen im *siedenden Höllenpfuhl* zubereiteten Hummer zu vergessen. Madame Swanns *Hummer auf amerikanische Art* scheint im Vergleich zu diesem Gericht recht unverfänglich zu sein ...

Doncières ist auf der gastronomischen Reise durch die *Suche nach der verlorenen Zeit* ein Paradies, in dem man sich verbrennen kann, ein Ort der Wonnen und der Verdammnis.

Vom fünfzehnten bis zum fünfundzwanzigsten Lebensjahr lernt Marcel Proust von den großen Meistern im Louvre »das Universum mit den Augen eines anderen sehen«. »Das verborgene Leben der Stillleben« und die Schönheit der täglichen Mahlzeiten werden ihm von Chardin enthüllt: »Auf diesem Buffet erinnert alles, von den steifen, halb hochgezogenen Falten des Tischtuchs bis zu dem Messer, dessen Klinge in der Luft schwebt, an die Eile der Diener und die Gourmandise der Eingeladenen. Die immer noch prächtige Kompottschale ist bereits geplündert wie ein Obstgarten im Herbst und mit dicken Pfirsichen gekrönt, rosa wie Cherubine, unzugänglich und lächelnd wie die Unsterblichen. Ein den Kopf hebender Hund kann sie nicht erreichen, so daß sie noch begehrenswerter sind, weil sie wirklich begehrt werden ...«
Jean-Baptiste Chardin, Das Buffet, Musée du Louvre, Paris.

DIE MITTWOCHSEINLADUNGEN MADAME VERDURINS

Illustration von Madeleine Lemaire für »Zum Diner geladene Gäste«, einem Text aus der Sammlung »Freuden und Tage«, erschienen 1896. Der Autor ist in der Mitte erkennbar. (Oben)

Madame Verdurin gab keine »Diners«, sondern Mittwochs-Einladungen. Diese Mittwoche galten als Kunstwerke ...

»Die Hausherrin, die mir später einen Platz an ihrer Seite anweisen wird, teilt mir in liebenswürdiger Weise mit, daß sie als Tafelschmuck nur japanische Chrysanthemen gewählt, diese aber auf Vasen verteilt habe, die ganz erlesene Kunstwerke sind, und daß die eine unter ihnen aus einer Bronze besteht, auf der Blütenblätter aus rötlichem Kupfer den Eindruck erwecken, als hätten sich lebende Blumen im Entblättern darüber ausgestreut.«

Mit dem *kleinen Clan* der Verdurins setzt Marcel Proust eine weitere Kategorie von Persönlichkeiten der mondänen Welt, die er in seiner Jugend kennengelernt hat, in Szene: die Damen des Hauses, die »den kleinen Proust« als erste in der mondänen »Welt« aufgenommen und in gewisser Hinsicht »lanciert« hatten. Zusammen mit ihren *Getreuen* — Künstler, Gelehrte, Wissenschaftler — herrschen sie über das Paris der Kunst und der Literatur, »ernennen« die Mitglieder der Académie, unterstützen Richard Wagner und die »moderne« Kunst, haben ihren »Empfangstag« und tragen mit der Raffinesse der Menüs zu dem Ruf ihres Salons bei. Der junge, liebenswürdige und kultivierte Mann veröffentlicht 1896 sein erstes Werk, *Freuden und Tage.* Ursprünglich hatte das Buch den Titel »Le Château de Réveillon« bekommen sollen. Der prächtige Band mit Aquarellen von Madeleine Lemaire und einem Vorwort von Anatole France wird kaum gekauft; die meisten finden zudem die kurzen Texte »oberflächlich«. Prousts »Renommee« eines eitlen, mondänen Snobs ist zum Teil auf dieses Buch zurückzuführen.

Die Verdurins nehmen in *Auf der Suche nach der verlorenen Zeit* einen strategischen Platz ein. Zum einen sind sie in die erste Liebesgeschichte des Romans verwickelt, in die zwischen Odette und Swann; zum anderen haben sie maßgeblichen Einfluß auf die Entwicklung des literarischen Geschmacks des Helden. Und immer dienen reich gedeckte Tische den vom Autor in Szene gesetzten Personen, deren Gefühlen und seinem eigenen künstlerischen Schicksal als Szenerie.

Die Verdurins luden nicht zum Abendessen ein, man hatte bei ihnen sein »Gedeck«. Für den Verlauf des Abends gab es kein Programm. Der junge Pianist spielte, aber nur, wenn »ihm danach zumute war«, denn auf niemanden wurde ein Zwang ausgeübt, oder wie Herr Verdurin sagte: »Das Wohl unserer Gäste geht uns über alles!« (…)

Der Frack war verpönt, weil man ja »unter sich« war, und um nicht den »Langweilern« zu gleichen, die man mied wie die Pest und die nur zu großen Abendgesellschaften eingeladen wurden, welche jedoch so selten wie möglich stattfanden, eigentlich nur dem Maler zu gefallen oder um dem Musiker eine Chance zu geben. Im übrigen unterhielt man sich mit Scharaden oder Soupers in Kostümen, bei denen man jedoch unter sich blieb und den »kleinen Kreis« um keinen Fremden vermehrte. (In Swanns Welt)

Odette, die Madame Swann wird, hat ein Faible für die Engländer; die Verdurins sind in Japan vernarrt. Die Kunst des Fernen Ostens, die von Kritikern wie den Brüdern Goncourt und durch Ausstellungen in der Ecole des

Beaux-Arts gefördert wird, ist während der Zeit, in der die *Suche* spielt, sehr beliebt. Während eines Abendessens, zu dem Monsieur Swann eingeladen ist, kreist das Gespräch um den von Alexandre Dumas jun. erfundenen *Japanischen Salat*:

Madame Cottard, die an sich zurückhaltend war und wenig sprach, verfügte gleichwohl über einen gewissen Aplomb, wenn dank einer glücklichen Eingebung ihr das richtige Wort einfiel. Sie wußte, daß sie Erfolg haben würde, das stärkte ihr Selbstvertrauen, und was sie dann tat, betrieb sie weniger, um zu glänzen, als um der Laufbahn ihres Mannes förderlich zu sein. Sie ließ daher das Wort »Salat«, das Madame Verdurin soeben ausgesprochen hatte, nicht ungenützt passieren.

»Es ist doch kein ›japanischer‹ Salat?« warf sie, zu Odette gewandt, mit halblauter Stimme ein.

Entzückt und verwirrt über ihre eigene Schlagfertigkeit und Kühnheit, mit der sie eine so diskrete, aber doch vollkommen eindeutige Anspielung auf das neue, aufsehenerregende Stück von Dumas gemacht hatte, brach sie in helles Backfischlachen aus, das zwar nicht sehr geräuschvoll, aber doch so unwiderstehlich war, daß sie sich ihm ein paar Augenblicke hemmungslos überließ. »Wer ist diese Dame? Sie ist witzig«, stellte Forcheville fest.

»Nein, aber wir werden Ihnen einen vorsetzen, wenn Sie alle am Freitag zum Abendessen kommen.«

»Ich werde Ihnen sehr provinziell vorkommen, Monsieur«, sagte Madame Cottard zu Swann, »aber ich habe diese berühmte Francillon, von der alle Welt spricht, noch nicht einmal gesehen (…). Allerdings muß ich gestehen, daß ich mir im Augenblick recht dumm vorkomme, denn in allen Salons, die ich besuche, ist immer nur von diesem fatalen japanischen Salat die Rede. Man wird es nun allmählich schon leid«, fügte sie mit einem Blick auf Swann zu, der für eine so brennend aktuelle Angelegenheit nicht in dem Maße interessiert zu sein schien, wie sie geglaubt hatte. »Allerdings kommt man dabei manchmal auf ganz lustige Gedanken. So hat eine meiner Freundinnen, die immer sehr originell ist, immer Mittelpunkt, immer sehr viel Leute um sich hat, behauptet, sie habe bei sich zu Hause diesen japanischen Salat bereiten lassen, genau mit den Zutaten, die Alexandre Dumas in seinem Stück erwähnt. Sie hatte ein paar Freundinnen eingeladen, die ihn essen sollten. Leider war ich nicht dabei. Aber sie hat uns hinterher alles genau erzählt; es scheint abscheulich geschmeckt zu haben, wir haben Tränen gelacht. Aber Sie wissen ja, es kommt immer auf die Art und Weise an, wie man so etwas erzählt«, meinte sie, als sie Swanns immer noch abwesende Miene bemerkte.

In der Idee, daß es vielleicht sei, weil er Francillon nicht mochte, setzte sie hinzu:

»Im übrigen glaube ich, ich werde eine Enttäuschung erleben. Ich kann mir nicht denken, daß es so gut ist wie Serge Panine, *wofür ja Madame de Crécy so schwärmt. Das ist aber auch ein ernsthaftes Thema, worüber man nachdenken kann; der Gedanke jedoch, die Bühne des Théâtre-Français zu benutzen, um ein Salatrezept mitzuteilen!«* (In Swanns Welt)

Swann hat wirklich kein Ohr für den *Japanischen Salat*, denn er ist viel zu sehr mit Odette beschäftigt, der er zum ersten Mal in diesem Milieu begegnet, das sich so »künstlerisch« gibt.

Das von den Brüdern Goncourt ins Leben gerufene »genre artiste« blüht in der bunt zusammengewürfelten Gesellschaft in ihrer »Scheune« in Auteuil, wo sich die literarischen Freunde zusammenfinden, die bestimmen, was Kunst ist, und diese als Kenner genießen. In der darauffolgenden Generation treffen sich die *Kameraden* im Atelier von Madeleine Lemaire in deren kleinem Haus in der Rue de Monceau: Große Namen der Literatur und des Hochadels geben sich hier ihr Stelldichein. Proust läßt sich hier zu seinen »Scènes de genre« im Milieu der Verdurins inspirieren. Swann, der hier das Echo Prousts übernimmt, befragt einen der Gäste, einen Maler:

Dieser hatte (…) am Nachmittag die Ausstellung eines mit Herrn Verdurin befreundeten, aber kürzlich verstorbenen Künstlers besucht, und nun hätte Swann gern (denn er schätzte seinen Geschmack) gewußt, ob sich in den letzten Bildern von seiner Hand wirklich noch etwas ganz anderes gezeigt habe als jene Virtuosität, die in den früheren Werken bereits verblüffend gewesen war.

»In dieser Hinsicht war er ja immer außergewöhnlich stark, aber es schien mir nicht eigentlich Kunst zu sein, die man ›erhebend‹ nennen könnte.«

»Erhebend … ein erhebendes Schauspiel, bei dem das Herz jedes guten Franzosen höher schlagen muß«, fiel Doktor Cottard ihm mit fingiertem Ernst und erhobenem Arm ins Wort.

Die ganze Tischrunde lachte.

»Was habe ich gesagt? Man kann nicht ernst bleiben, wenn er da ist«, sagte Madame Verdurin zu Forcheville. »Ehe man es sich versieht, hat er ein Wortspiel bei der Hand.«

Sie hatte aber wohl gemerkt, daß Swann als einziger den Mund nicht verzogen hatte. Es freute ihn allerdings auch nicht sehr, daß Cottard ihn vor Forcheville zum Gegenstand der allgemeinen Heiterkeit machte. Der Maler aber, der wahrscheinlich in interessanter Weise auf Swanns Worte ge-

antwortet hätte, wäre er mit ihm allein im Raum gewesen, legte es jetzt lieber darauf an, von den Tischgästen bewundert zu werden, indem er sich weiter über die Geschicklichkeit des verewigten Meisters ausließ.

»Ich bin ganz nahe herangetreten«, sagte er, »um zu sehen, wie es gemacht ist, ich habe mir fast die Nase plattgedrückt. Aber nichts zu machen! Man kann nicht sagen, ob er Kleister, Juwelen, Seife, Bronze, Sonnenstrahlen oder Dreck dazu nimmt!«

»Dreck und Speck ...«, rief Cottard so verspätet aus, daß niemand verstand, was er eigentlich wollte.

»Es sieht aus, wie mit gar nichts gemacht«, fuhr der Maler fort, »es ist ebenso unmöglich, den Trick herauszubekommen wie bei der Nachtwache oder den Vorsteherinnen, und dabei ist er stärker als Rembrandt oder Frans Hals. Es ist alles beisammen, weiß Gott, das kann man füglich behaupten. (...)

Das riecht gut, steigt einem in den Kopf; es benimmt den Atem, es wird einem heiß und kalt dabei, aber weiß der Teu-

Henri:
Mademoiselle, ich möchte Sie um das Rezept des Salates bitten, den wir an diesem Abend gegessen haben. Es hat den Anschein, als hätten Sie ihn komponiert.

Annette:
Den japanischen Salat?

Henri:
Ist er japanisch?

Annette:
Ich nenne ihn so.

Henri:
Warum?

Annette:
Damit er einen Namen hat. Heute ist alles japanisch.

Henri:
Haben Sie ihn erfunden?

Annette:
Richtig. Ich beschäftige mich gern mit der Küche.

Alexandre Dumas jun., Francillon, 1. Akt, 2. Szene, 1887.

Diner bei Madame Verdurin

Salade »Francillon«

Die Jungfrauen von Caen, im ewigen Feuer geröstet

Seezunge auf normannische Art

Salat

Erdbeerschaum

»Und doch, lieber Charles Swann …, so wenig ich Sie kannte, als ich noch jung war (…). Wenn man Sie sich auf dem Gemälde von Tissot, wo Sie zwischen Galliffet, Edmond de Polignac und Saint-Maurice auf dem Balkon stehen, zeigt und viel von Ihnen spricht, so deshalb, weil man bemerkt hat, daß einige Züge von Ihnen in die Persönlichkeit von Charles Swann eingegangen sind!«
J. Tissot, Der Balkon des Cercle de la Rue Royale, 1868. Ausschnitt: Charles Haas, eines der Vorbilder für Swann.

fel, wie es zustande gekommen ist; es ist Hexerei, Betrug, ein Mirakel und — hier platzte er vollends mit seinem Gelächter heraus — einfach unanständig gut!« Dann hielt er inne, hob gewichtig den Kopf, schlug einen tiefen Baßton an, den er klangvoll zu machen versuchte, und setzte hinzu: »Und so unanständig gemalt.«

Abgesehen von dem Augenblick, wo er gesagt hatte: stärker als die Nachtwache — eine Lästerung, die einen Protest bei Madame Verdurin auslöste, für die die Nachtwache neben der Neunten und der Nike von Samothrake das größte Meisterwerk des Universums war — und von dem Wort »Dreck«, bei dem Forcheville einen Blick in die Runde warf, um festzustellen, ob der Ausdruck durchging, um gleich darauf ein zurückhaltendes, aber verbindliches Lächeln auf seinen Lippen erscheinen zu lassen, hatten alle Anwesenden außer Swann mit verzückt bewundernden Blikken an dem Maler gehangen. (In Swanns Welt)

Swanns Haltung ist katastrophal: Er läuft Gefahr, die Freundschaft der »Patronne« zu verlieren, die Nervensägen nicht ausstehen konnte. Der »einzige Jude des Jockey-Club« wurde nicht ohne weiteres von dem kleinen Clan akzeptiert.

Doch warf nicht Swann, wie Proust, als einziger einen kritischen Blick auf das Milieu, in dem, um einen Ausdruck Edmond de Goncourts zu gebrauchen, die »Künstlernaturen« zum Lachen reizen, da sie sich selbst in ihren Scherzen ungemein ernst nehmen und vergessen, wer die Kunst und deren Wahrheit wirklich verkörpert? So ist es nicht verwunderlich, daß die Gäste, die dem Künstler gespannt lauschen, vergessen, was auf ihren Tellern liegt:

»Aber nein, Spaß beiseite«, setzte der Maler noch einmal von seinem Erfolg berauscht an, »es kommt mir vor, als glaubten Sie, ich mache nur Redensarten oder übertreibe vielleicht; ich werde Sie alle selbst hinführen, ich wette tausend gegen eins, daß Sie mindestens so verblüfft sind wie ich!«

»Aber wir glauben gar nicht, daß Sie übertreiben, wir möchten nur, daß Sie essen und daß mein Mann ebenfalls ißt; reichen Sie Monsieur noch einmal Seezunge, Sie sehen doch, daß der Fisch auf seinem Teller kalt geworden ist. Wir haben gar keine Eile, Sie servieren ja, als ob es brennt, warten Sie doch etwas, bevor Sie den Salat anbieten.« (In Swanns Welt)

Madame Verdurin hatte die Stimme der Vernunft sprechen lassen: Seezunge auf normannische Art, eines der beliebtesten Gerichte des 19. Jahrhunderts, verbindet den Wohlgeschmack provinzieller Gerichte mit gastronomischer Tradition. Der Salat Francillon stellt vielleicht für ein späteres Diner eine Attraktion dar, kann aber nicht mit erprobten Rezepten konkurrieren. Madame Verdurin beweist mit ihrer Vorliebe für die Schönheit des Vergangenen ihre »Künstlernatur«:

Odette hatte sich auf ein Tapisseriesofa beim Klavier gesetzt.

(...) »Was für ein schönes Beauvais«, bemerkte Swann, um etwas Nettes zu sagen (...).

»Oh, das freut mich, daß Sie mein Sofa zu schätzen wissen«, antwortete Madame Verdurin. »Und ich kann Ihnen auch gleich sagen, wenn Sie etwas ebenso Schönes finden wollen, geben Sie es lieber von vorneherein auf. Die haben so etwas nur einmal gemacht. (...) Allein schon die Bordüren da, sehen Sie sich nur die winzige Rebe auf dem weinroten Grund von ›Der Bär und die Trauben‹ an. Das ist noch gezeichnet, was? Was sagen Sie dazu? Zeichnen konnten die, nicht wahr? Sieht die kleine Traube nicht zum Anbeißen aus? Mein Mann behauptet immer, ich mache mir nichts aus Früchten, weil ich weniger esse als er. Aber nein, ich bin im Grund versessener als irgend jemand darauf, nur muß ich sie nicht in den Mund stecken, um sie zu genießen; ich weide mich mit den Augen daran. Was habt ihr denn alle zu lachen? Fragen Sie den Doktor hier, er kann Ihnen sagen, daß die Trauben da alles Nötige für meine Gesundheit tun. Andere machen Kuren in Fontainebleau, mir genügt eine Beauvaiskur.« (In Swanns Welt)

Madame Verdurin findet es aufgrund ihrer Hypersensibilität, die sie beim Hören Wagnerscher Musik an Migräne leiden läßt oder die sie dazu bringt, sich beim Lachen — buchstäblich — den Unterkiefer auszurenken, elegant, die reine Betrachtung eines Kunstobjektes der irdischen Nahrung vorzuziehen. Sie ernährt ihre Gäste und genießt das geistige Vergnügen, *sich mit den Augen daran zu weiden.*

Das Milieu Verdurin ist ein Pastiche des »Künstlermilieus«, eine Gattung, in der sich Proust zu Beginn seiner literarischen Laufbahn auszeichnete. In *Die wiedergefundene Zeit,* letzte Etappe der *Suche nach der verlorenen Zeit,* läßt der Schriftsteller als Trompe-l'œil, als Täuschungseffekt, ein von ihm selbst erfundenes Fragment des *Tagebuchs* der Brüder Goncourt auftauchen — ein echtes *Tagebuch* war damals tatsächlich im Handel. Proust tat so, als berichte Edmond über ein Diner bei den Verdurins. Diese fiktiven Seiten, die dazu dienen sollten, gleichermaßen fiktive Personen als »reell existierend« erscheinen zu lassen, sind in dem gleichen »künstlerischen Stil« gehalten, der sich auch in einem Aufsatz findet, den Edmond de Goncourt 1896 über den japanischen Holzschneider Hokusai veröffentlicht hatte:

»Wie geschmackvoll diese Kämme wiedergegeben sind! Hier diese hingestreuten Blütenblätter, dort diese Überfülle an Iris, hier diese sich zu Girlanden formenden Winden, dort die Krönung durch eine Seerose. Die Kraniche, die sich steil in den Himmel erheben, die Wolken aus Mandarin-Enten, die Geschwader der Möwen ...« (E. de Goncourt, Hokusai)

Mit Hilfe des Pastiche-Verfahrens unterstreicht Proust, wie künstlich die Mahlzeiten bei den Verdurins sind: Hinter der Anhäufung dekorativer Details versteckt sich die eigentliche Substanz eines Diners, die aufgetragenen Speisen:

Die Hausherrin, die mir später einen Platz an ihrer Seite anweisen wird, teilt mir in liebenswürdiger Weise mit, daß sie als Tafelschmuck nur japanische Chrysanthemen gewählt, diese aber auf Vasen verteilt habe, die ganz erlesene Kunstwerke sind, und daß die eine unter ihnen aus einer Bronze besteht, auf der Blütenblätter aus rötlichem Kupfer den Eindruck erwecken, als hätten sich lebendige Blumen im Entblättern darüber ausgestreut. Sonst ist noch Cottard geladen, der Arzt, der polnische Bildhauer Viradobetski, der Sammler Swann, eine große Dame aus Rußland (eine Fürstin mit einem auf ow endenden Namen, auf den ich mich nicht besinnen kann). (...)

Wir gehen zu Tisch und haben vor uns eine Flucht von Tellern, die nicht mehr und nicht weniger als wahre Meisterwerke des Porzellanmalers sind, jenes Bildners, dessen künstlerischen Insinuationen die angenehm geschmeichelte Aufmerksamkeit des Liebhabers solcher Dinge bei einem deliziösen Mahl am willigsten lauscht — Teller aus der Yung-cheng-Epoche mit kapuzinerfarbenen Tönungen am Rande, mit bläulichen Schattierungen und dem fülligen Blättergewirr der Wasseriris, in wirklich dekorativer Weise von einem morgenrotfarbenen Flug von Fischreihern und Schnepfen durchquert, die genau jene Nuancen des Frühlings an sich tragen, auf die täglich mein Blick beim Erwachen am Boulevard Montmorency fällt — Meißner Teller auch, die spielerischer wirken in ihrer graziösen Arbeit und mit dem schläfrigen Welken ihrer schon fast violett getönten Rosen, dem dunkelrot gefransten Rand ihrer Tulpen, den Rokokoformen ihrer Nelken oder ihrer Vergißmeinnicht — Sèvresteller mit der feinen Guilloche-Arbeit der weißen, goldlinierten Gitterung, die manchmal auf dem cremefarben ausgesparten Grund des hauchzarten Porzellans tändelnd das Relief eines goldenen Bandes zusammenhält — endlich ein komplettes Tafelsilber mit einer Girlande von Myrten aus Louveciennes, die die Dubarry wiedererkennen würde. Was aber vielleicht eine ebenso große Seltenheit ist,

das ist die wirklich ganz hervorragende Qualität der Dinge, die darin aufgetragen werden, aufs sublimste zubereitete Dinge, wie die Pariser — man darf das ruhig laut sagen — auch bei den größten Festessen einem niemals bieten und die mich an gewisse gefüllte Kalbsschnitzel von Jean d'Heurs erinnern. Selbst die Gänseleber hat keinerlei Ähnlichkeit mit dem faden Mus, das man uns gewöhnlich unter diesem Namen serviert; ich kenne nicht viele Stätten, an denen ein schlichter Kartoffelsalat, in dieser Art aus Kartoffeln zubereitet, die die Härte japanischer Elfenbeinkugeln und die Patina jener kleiner Elfenbeinlöffelchen vereinen, mit denen die Chinesinnen Wasser auf den Fisch gießen, den sie gefangen haben, auf den Tisch gebracht wird. In dem Venezianerglas, das ich vor mir habe, entsteht ein reiches Juwelengefunkel aus lauter roten Tönen, hineingezaubert durch einen ganz außergewöhnlichen Léoville, der bei der Versteigerung der Bestände von Monsieur Montalivet erworben worden ist; eine Weide aber fürs Auge und — ich stehe nicht an, es zu sagen — für die Einbildungskraft des Körperteils, den man früher als »das Maul« bezeichnet hat, ist es, wenn ein Butt hereingetragen wird, der nichts von den etwas unfrischen Butts an sich hat, die selbst auf den luxuriösesten Tafeln erscheinen und auf deren Rücken die Etappen der langen Reise in der Modellierung der Gräten eingezeichnet sind: ein Butt zudem, der nicht mit dem klebrigen Brei serviert wird, den unter dem Namen einer »weißen Sauce« so viele Küchenchefs produzieren, sondern in Begleitung einer wirklichen »Sauce blanche«, die mit Butter zu fünf Francs das Pfund zubereitet ist, wenn man diesen Butt noch dazu auf einer herrlichen Ch'ing-Hon-Platte serviert sieht, auf der in Purpurstreifen das Abendrot sich über ein Meer ergießt, vor dem in drolliger Prozession eine Kette von Langusten einhergeschwommen kommt, deren rauh gekörnte Oberfläche so körperhaft wiedergegeben ist, als habe man die Schalen lebendiger Tiere als Formen dafür benutzt, einer Platte, deren Handgriffe durch die Angel eines kleinen Chinesen mit einem Fisch daran gebildet wird, der mit dem Blausilber seines Bauches zu einem wahren Wunderwerk perlmuttschimmernden Farbenspiels wird. (Die wiedergefundene Zeit)

Madame Verdurin gefällt sich in prachtvoller Künstlichkeit, während ihr Mann den Geschmack an den einfachen Dingen nicht verloren hat. Die Hausherrin gesteht es seufzend Edmond de Goncourt:

Als ich zu Verdurin eine Bemerkung darüber machte, welch erlesenes Vergnügen ihm eine so raffinierte Kost in Sammlerobjekten machen müsse, wie kein Fürst sie gegenwärtig in seinen Vitrinen aufgestellt hat, warf die Hausher-

»Wie bitte! Sie behaupten, Monsieur Rouart habe Geschmack? Schauen Sie sich doch nur einmal diese Möbel an, diese Wandbespannungen, wie bei einem Zahnarzt! Die Wände sind violett wie Pflaumen, die Stoffe schokoladenbraun und diese Lampen vergoldet!«

rin melancholisch ein: »Man sieht, daß Sie ihn nicht kennen!« *Und dann schildert sie mir ihren Gatten als einen kauzigen Besessenen, der dieser ganzen schönen Aufmachung gleichgültig gegenüberstehe:* »Ja, ein Besessener«, *wiederholt sie,* »ja, genau das, ein Mensch, der eher Lust auf eine Flasche Apfelwein bekommt, wie man ihn in der etwas gewöhnlichen Atmosphäre einer normannischen Bauernwirtschaft trinkt.« (Die wiedergefundene Zeit)

Eine Normandie, die laut Madame Verdurin an eine *englische Parklandschaft* erinnert; sie beschwört poetisch die Provinz mit dem *zartknittrigen Blütengewirr schwefelfarbener Rosen, die sich über die Haustür eines Bauernhauses neigen, in der zwei ineinander verschlungene Birnbäume in Einlegearbeit etwas wie ein überaus ornamentales Wahrzeichen bilden;* dann erwähnt sie die *Rhododendrongebüsche, die mit ihren wie aus rosafarbenem Tüll gefalteten Blüten wahre Wälder bildeten.*

Dabei empfängt in La Raspelière, dem großen Gut in der Normandie, das die Verdurins jeden Sommer mieten, der »Patron«:

Wir waren in die große Auffahrt von La Raspelière gelangt, wo Monsieur Verdurin uns auf der Freitreppe erwartete. »Ich sehe, ich habe gut daran getan, meinen Smoking anzuziehen«, *sagte er, nachdem er mit Vergnügen festgestellt hatte, daß die Getreuen alle den ihren trugen,* »wo ich doch heute so schicke Leute empfange.« *Als ich mich selbst wegen meines Jackettanzuges entschuldigte, antwortete er mir:* »Aber nicht doch, das ist ganz recht. Wir sind doch hier ganz unter uns. Ich würde Ihnen gern einen meiner Smokings leihen, aber sicherlich würde er Ihnen nicht passen.«

(…) »Los, los, mein guter Brichot, legen Sie schnell Ihre Sachen ab. Wir haben eine Bouillabaisse, die nicht warten kann.

(…) *Wie, Sie sprechen immer noch von Dechambre?«* sagte Monsieur Verdurin, der uns vorausgegangen war. (…) »Hören Sie«, *sagte er zu Brichot,* »man kann das auch übertreiben. Daß er tot ist, ist doch kein Grund, ihn zum Genie zu stempeln, das er gar nicht war. Er spielte gut, versteht sich, und war hier vor allem ausgezeichnet in seinem Element; anderswohin verpflanzt, wäre er nichts mehr gewesen. Meine Frau war vernarrt in ihn und hat seinen Ruf begründet. Sie wissen ja, wie sie ist. Ich gehe sogar noch weiter, gerade im Interesse seines Ruhmes ist er im richtigen Moment gestorben, sozusagen à point, wie hoffentlich die ›Demoiselles de Caen‹, bereitet nach den unvergleichlichen Rezepten von Pampille, es jetzt sein werden (wofern Sie nicht etwa mit Ihren Jeremiaden in dieser allen Winden geöffneten ›Kasbah‹ noch lange verweilen wollen).«* (Sodom und Gomorra)

Als Gast in diesem Dorf begreift Marcel besser als in Paris die eigentlichen gastronomischen Motive seiner Gastgeber. Einer der Gäste, ein *berühmter norwegischer Philosoph,* läßt die »Patronin« mit seinen Fragen, die das Diner in die Länge ziehen, ungeduldig werden:

»Aber ich möchte doch Madame darauf aufmerksam machen, daß, wenn ich mir diese Ausfragung — pardon, Anfragung — gestattet habe, so deshalb, weil ich morgen wieder in Paris sein und bei der Tour d'Argent oder Hôtel Meurice speisen werde. Mein — französischer — Fachgenosse Monsieur Boutroux wird dort zu uns über die spiritistischen Séancen — pardon — die spiritualen Beschwörungen — sprechen, die er beobachtet hat.« »So gut, wie immer behauptet wird, ist es da gar nicht, in der Tour d'Argent«, bemerkte Madame Verdurin leicht verstimmt. »Ich habe schon furchtbar schlecht dort diniert.« »Aber täusche ich mich, oder ist die Nahrung, die man hier bei Madame ißt, nicht feinste französische Küche?« »Mein Gott, es ist nicht geradezu schlecht«, antwortete die bereits wieder etwas besänftigte Madame Verdurin. »Wenn Sie am nächsten Mittwoch kommen, wird es noch besser sein.« (Sodom und Gomorra)

Madame Verdurin legt größten Wert darauf, ihren Gästen *aufs sublimste zubereitete Dinge* vorzusetzen, allerdings mehr aus mondäner Eitelkeit denn aus persönlichem Geschmack. Die Speisen sind ausgezeichnet, doch nur, damit die Hausherrin von anderen Damen gelobt wird, die sie ausgesprochen gern eifersüchtig macht. Auch die so offen zur Schau gestellten Porzellan-Schätze dienen dazu, innerhalb der Pariser Salons die führende Rolle zu spielen. Alle Speisen werden auf ihre mögliche Wirkung hin ausgewählt.

Ihre Gäste schmeicheln ihr bis zur Karikatur:

»Was ist das für eine Sache, die wir hier essen, die eine so hübsche Farbe hat?« fragte Ski. »Das nennt sich Erdbeerschaum«, sagte Madame Verdurin. »Aber das ist ja be-zau-bernd. Man müßte dazu ein paar Flaschen Château Margaux, Château Lafite oder Portwein aufmachen.« »Ich kann Ihnen gar nicht sagen, wie komisch er ist, er selbst trinkt nämlich nur Wasser«, bemerkte Madame Verdurin, um hinter dem angeblichen Vergnügen, das sie an solchen Phantasien empfand, das Grauen vor so viel Verschwendung zu verbergen. »Ich meine ja nicht zum Trinken«, ergänzte Ski, »Sie gießen nur unsere Gläser voll, man schafft prächtige Pfirsiche und riesige Nektarinen herbei und stellt sie hierher, unmittelbar vor die untergehende Sonne, das würde dann einen Eindruck von Fülle und von Üppigkeit geben wie ein erstklassiger Veronese.« »Und ungefähr ebensoviel kosten«, murmelte Monsieur Verdurin. »Aber so nehmen Sie doch

»Ochsenzunge oder ein kleiner Schinken, eine Pastete, eine Erdbeercreme gaben dem Abendessen (…) ungewohnte Ausmaße.« (Oben)

»Sie hatte nicht alle Früchte an der gleichen Stelle gekauft, sondern die Trauben bei Crapote, die Erdbeeren bei Jauret, die Birnen bei Chever, wo sie am schönsten ausfielen, und so fort.« (Gegenüberliegende Seite)

diesen Käse fort, er hat gar keinen schönen Ton«, sagte Ski und versuchte, den Teller des Hausherrn wegzuziehen, der seinen Gruyère jedoch mit aller Macht verteidigte. (Sodom und Gomorra)

Der Hausherr, der seinen Gruyère verteidigt, läßt sich von den ästhetischen Visionen der »Künstler«, die an seinem Tisch sitzen, nicht beirren. Er zieht ein Stück Käse der gerührten Betrachtung eines Stillebens mit roten Früchten vor der untergehenden Sonne vor. Er bewahrt in dieser Gesellschaft, die die Werte ständig umstößt und das Original mit seiner Nachahmung verwechselt, den gesunden Menschenverstand eines Bauern, der Apfelmost liebt und nur beste Erzeugnisse wählt, um das, *was man früher als das Maul bezeichnet hat,* und nicht die Phantasie zu befriedigen.

In *Auf der Suche nach der verlorenen Zeit* widersetzt sich die Provinz den mondänen Festen in der Hauptstadt nicht; sie ergänzt und vertieft sie. Sie ist die etymologische Quelle des Werkes. Die Erde, in der die alten Namen verwurzelt sind, die einen zum Träumen bringen, das Land, wo man noch auf bewundernswerte Menschen stößt wie den Doyen von Doville, der über ein wahrhaftes Wissen verfügt (für die zu sehr an den Lärm der städtischen Diners gewöhnten Ohren ist er allerdings unverständlich) und fähig ist, seine Gäste mit dem einfachsten Gericht der Welt zu erfreuen, das allerdings am schwierigsten zuzubereiten ist: Bratkartoffeln.

Ich fragte Brichot, ob er wisse, was Balbec bedeute. »Balbec ist wahrscheinlich eine Entstellung aus Dalbec«, sagte er zu mir. »Man müßte die alten Staatsurkunden der Könige von England einsehen können, welche Souveräne der Normandie gewesen sind, denn Balbec unterstand der Baronie von Dover, weswegen es oft Balbec-d'outre-Mer, Balbec-en-Terre genannt wurde (…). So hat es mir der Doyen von Doville erklärt, ein kahlköpfiger, zungengewandter, von fixen Ideen besessener und den Freuden der Küche zugewandter Mann, der in der Obödienz von Brillat-Savarin lebt und mir in nicht ganz unsibyllinischen Wendungen eine etwas zweifelhafte Pädagogik auseinandergesetzt hat, indes er mich mit ganz hervorragenden Bratkartoffeln bewirtete.« (Sodom und Gomorra)

DIE GROSSE WELT

Gräfin Henri Greffulhe, geborene Elisabeth de Caraman-Chimay (1860-1952). Eines der Vorbilder für die Figur der Herzogin von Guermantes, am 30. Mai 1895 von Paul Nadar photographiert. (Oben)

»Auf dem Tisch, an allen vier Ecken, standen blaue Büschel von Venushaar und inmitten von rosa, gelben und lila Zinnien Löwenmäuler und indische Nelken, die Mademoiselle de Réveillon von ihrem Spaziergang im Park mitgebracht hatte; sie alle bewahrten (…) bis in diesen geschlossenen Saal (…) jene erlesene Süße des Tones (…).« (Gegenüberliegende Seite)

Réveillon (Département Seine-et-Marne) ist von Guermantes (Département Seine-et-Marne) nur wenige Kilometer entfernt, doch Proust hat diese kurze Reise nie unternommen. Als er mit seinem Freund, dem Komponisten Reynaldo Hahn, im Herbst 1895 einige Tage in Réveillon verbringt, träumt er nur von dem Namen Guermantes, den der Held der *Suche*, wie auch der Herzog und die Herzogin, mit dem *Geheimnis merowingischer Zeiten* assoziiert, die *wie im Abendrot jenes orangefarbenen Lichtes gebadet* sind, *das der Silbe -antes entströmt.* Wie sein Held kann Marcel Proust von sich behaupten: *Niemals (…) konnten wir (…) unseren Spaziergang in der Gegend von Guermantes (…) bis zu einem Ziel ausdehnen, zu dem ich so sehr gern vorgestoßen wäre, nämlich bis Guermantes.* (In Swanns Welt)

Das Château de Réveillon gehört 1895 der berühmten Blumenmalerin Madeleine Lemaire, der Proust schrieb: *Sie machen mehr als Gott: einen ewigen Frühling.* In *Jean Santeuil* ist Réveillon Sinnbild für raffinierte oder rustikale Speisen; der Held des Romans wird von einem Herzog und einer Herzogin de Réveillon eingeladen, deren Sohn Henri sein Freund ist.

Statt dessen waren sie auf einmal im Speisezimmer. Auf dem Tisch, an allen vier Ecken, standen blaue Büschel von Venushaar und inmitten von rosa, gelben und lila Zinnien Löwenmäuler und indische Nelken, die Mademoiselle de Réveillon von ihrem Spaziergang im Park mitgebracht hatte; sie alle bewahrten mit ihrem dank der Kühle erhaltenen lebhaften Kolorit und noch von feuchtem Tau übersprüht, heiter strahlend infolge der Sonne, die ihnen aus der Tiefe des Parkes bis in diesen geschlossenen Saal gefolgt war, jene erlesene Süße des Tones, die oben an den Jardinieren aus Meißner Porzellan, aus denen sie hervorquollen, den Zauber einer gemalten Blüte ausmachte, einer gerade aufgerichteten Nelke oder eines am Ende seines grünen, gewundenen Stieles blühenden Veilchens, und auf dem weißen Holzwerk der Wand den der unbeweglichen Personen auf den Kacheln, die hyazinthblau oder so rosig wie Rosen waren. Doch schon dampften die heißen Rühreier zwischen den frischen Blumen. Man setzte sich, und jeder entfaltete auf den Knien eine Serviette, die rein war wie die Freude, die aus aller Augen strahlte und durch die Entdeckung kleiner, kaum merklicher, in der goldenen Eierflut halb untergegangener Speckflotillen belebt wurde, die jeder gern auf der Stelle aus dem Schiffbruch rettete. Freilich war dies keine Entdeckung für die Herzogin, die in der Früh dem Koch dazu die Idee eingegeben hatte. Aber als sie anstelle des Vergnü-

Das Schloß von Réveillon gehörte Madeleine Lemaire, als Proust dort öfter wohnte. Sie hatte einen bildschönen Rosengarten und eine Pfauen-Volière, der Stolz von Réveillon.
Madame Madeleine Lemaire, geborene Jeanne-Magdeleine Coll (1845-1928), 1891 von Paul Nadar photographiert.

»(...) das Palais Réveillon, eines der wenigen Palais des hohen Adels, die nicht zu einem banalen Stadthaus (...) geworden sind (...). So war denn auch Henri de Réveillon überrascht, als er die verschiedenen (...) Informationen entgegennahm, die jede Wandbespannung, jedes Bild, jede Bonbonniere ihm zugleich mit einer liebevoll vorgetragenen Abhandlung über Künste, von denen er bisher nichts gehört hatte, zu erteilen schien.«

gens der Entdeckung das des Erfolges genoß, schien sie nicht weniger erfreut. Der Autor eines erfolgreichen Stückes erlebt nicht wie der Zuschauer, der die Schlußpointe noch nicht kennt, die Freuden, die wir der Neugier verdanken. Aber die Beifallskundgebungen bereiteten ihm andere, die gleichfalls nicht zu verachten sind. Hier nun mischten der Herzog und die Herzogin ihren mit denen Jeans. Sie aßen freilich nicht wie er zum ersten Mal Rühreier mit Speck. Aber die Freuden der Gewohnheit sind oft noch angenehmer als die, die eine Neuerung uns schenkt. Ein Hummer »à l'américaine«, der für Mademoiselle de Réveillon vorweg aufgetragen wurde, da sie keine Eier aß, mischte zudem noch unter den angenehmen Duft der Zinnien und Löwenmäuler ein Parfum, das nicht wie jener ein Zweck in sich selbst war, sondern gleich darauf durch eine materiellere Inbesitznahme noch vervollständigt werden sollte. (Jean Santeuil)

Auch in der schlechten Jahreszeit kamen Gäste nach Réveillon.

Doch wenn die Herzogin nicht gern in Réveillon Gäste empfing, war sie dort auch nicht gern allein. Daher ließen sich beständig für ein paar Tage Freunde in Réveillon nieder. (...) Briefe wurden verschickt, um die Freunde um die Fahne zu scharen: »Ihr blaues Zimmer erwartet Sie, Boniface hat jetzt einen Herd, in dem er Hasenbraten auf deutsche Art bereiten kann, wie Sie ihn so sehr lieben.« (...) Wenn schönes Wetter war, wurde im Oktober ganz wie im Sommer vor dem Abendessen, gegen sieben Uhr, ein Spaziergang gemacht. (...) Man fühlte sich hochgestimmt, wenn man so aufbrach, ohne zur Nacht gegessen zu haben, obwohl es schon dunkelte, und den Spaziergang, bevor man zur Abendmahlzeit heimkehrte (...), bei einer absoluten Stille noch etwas fortsetzte. (...) Dennoch tat es wohl, wenn man zu frieren und Hunger zu verspüren begann, durch das Dorf wieder heimzukehren, hinter den Parkbäumen schon die Lampen im Salon und im Eßzimmer schimmern zu sehen, sich in der Phantasie bereits die Genüsse auszumalen, die einen erwarteten und denen man sich dort zwei Minuten später bereits widmen könnte, und in Gedanken schon unter der Lampe bei der warmen Suppe zu sitzen, die einem aufgetan und die man sich schmecken lassen würde. (Jean Santeuil)

In Auf der Suche nach der verlorenen Zeit träumt der Held nur von einem solchen »Schloßleben«.

Den ganzen Tag lang hatte ich auf solchen Spaziergängen mir das Vergnügen ausmalen können, das es für mich bedeuten würde, mit der Herzogin von Guermantes befreundet zu sein, mit ihr Forellen zu fischen oder eine

*Bootsfahrt auf der Vivonne zu machen und glücksbegierig
in diesen Augenblicken vom Leben nichts sonst zu verlangen, als daß es sich immer aus einer Folge beseeligter
Nachmittage zusammensetzen möge.* (In Swanns Welt)

Dabei wurde er der Freund des Herzogs und der Herzogin, aber in Paris, nachdem sie durch Zufall Nachbarn
geworden waren:

*In dem Haus, in dem wir jetzt Wohnung genommen
hatten, war die große Dame in den Tiefen des Hofes eine
Herzogin, elegant und noch jung. Es war Madame de
Guermantes, und dank der Umsicht von Françoise besaß
ich über das Leben im Haus bald einige Informationen.
Denn die Guermantes (die Françoise gemeinhin als »die
da hinten« bezeichnete) bildeten vom frühen Morgen an
den Gegenstand ihres Interesses; schon während sie Mama frisierte, warf sie einen unerlaubten, doch unbedingt
riskierten heimlichen Blick in den Hof und teilte uns dann
ihre Beobachtungen mit: (…) »Oh, die schönen Fasane
am Küchenfenster, da braucht man nicht erst zu fragen,
woher die sind, der Herzog wird auf der Jagd gewesen
sein.«* (Die Welt der Guermantes)

Die Guermantes werden immer mit diesem ländlichen Hintergrund voller gastronomischer Köstlichkeiten
geschildert, der belegt, daß diese Adligen immer noch
mit der Erde ihrer Vorfahren verbunden sind. Oriane de
Guermantes ist für den Erzähler von Anfang an eine Figur aus der »Laterna magica«, während der Herzog und
die Herzogin aus einem alten Wandteppich mit einem
von vielen Tieren bevölkerten Wald entsprungen zu sein
scheinen: In die Küche ihres Pariser Appartements werden die Opfergaben aus ihren Ländereien gebracht, so
wie früher Françoises Küche in Combray versorgt wurde.

Die Speisen, die bei den Guermantes auf den Tisch
kommen, sind lange nicht so »künstlerisch« affektiert
wie bei den Verdurins, zeichnen sich aber durch den na-
türlichen Charmes des Einfachen und gleichzeitig Raffinierten aus:

*Wenn Monsieur und Madame de Guermantes, wahre
Feinschmecker, exquisite Diners gaben, auch wenn es nur
für eine oder zwei Personen war, waren sie sich bewußt,
gleichzeitig eine Funktion zu erfüllen, und dies mehrmals
in der Woche, was sie mit größtem Vergnügen, mit Luxus,
mit Sinn für Zeremonien und mit größter Einfachheit erledigten. Diese Mahlzeiten waren übrigens wie die der ersten Christen eine Art mystische und soziale Kommunion,
zu der sie ein Perlhuhn reichten, das nach einem der erle-
senen Rezepte, die Monsieur de Guermantes kannte, zubereitet worden war, und ihren alten Freund, den Herzog*

Jean Béraud, Der Empfang,
Privatsammlung, Paris.

»Eines Tages — sie hatte ein Kopftuch um ihr Haar geschlungen und ein Brot in der Hand — verließ sie soeben das Haus, als sie Jean begegnete. ›Ich will gerade meine Pfaue füttern. Sie kommen wohl nicht mit?‹ fragte sie ihn in einem beiläufigen Ton.« (Oben)

»Das Wesen, das in mir wiedergeboren war, als ich derart vor Glück erbebend das Geräusch vernahm, das zugleich dem Löffel, der den Teller berührt, und dem Hammer eigen ist, mit dem man auf ein Rad klopft, sowie das Gemeinsame auch in der Ungleichheit der Pflasterung des Guermanteschen Hofes und der des Baptisteriums der Markuskirche verspürte, dieses Wesen nährt sich einzig von der Essenz der Dinge und findet in ihr allein seinen Beistand und seine Beseligung.«

d'Albon, ihre Nichte, die gerade auf der Durchreise war, I.K.H., die Prinzessin von Weinbourg, gezwungenermaßen Monsieur Bréfort und viele andere einluden. Diese Einladungen, bei denen ich so vorgestellt wurde, daß die Augen aller Anwesenden auf mir ruhten, die vergnügten und vertrauten Unterhaltungen, die während des Essens von den gutgekleideten Gästen und den Gastgebern geführt wurden, die ausgesprochen höflich, aber auch sehr einfach und sehr fröhlich waren, waren für Monsieur und Madame de Guermantes ein Vergnügen, das untrennbar mit dem Vertilgen eines Rebhuhnes und dem Genuß eines Château-Yquem verbunden war (…). (Die Welt der Guermantes, Skizze XXXI).

Oriane de Guermantes verabscheut »distinguiertes« oder »originelles« Getue »à la Patronne«. Sie zieht eine Art Konversation vor, bei der alle großen Worte vermieden werden, *und entfaltete gerade eine besondere Eleganz darin, in Anwesenheit eines Dichters oder Musikers nur von den Gerichten zu sprechen, die aufgetragen wurden, oder vom Kartenspiel, das gleich folgen sollte.* (Die Welt der Guermantes). Diese *Enthaltung*, eine ihm *unbekannte Gewohnheit*, die in diesen Gesellschaftskreisen allerdings häufig gepflegt wurde, hatte für Marcel Proust *etwas Verwirrendes, dem ein Geheimnis zugrunde zu liegen schien*, an sich. Wurde man mit *diesem oder jenem berühmten Dichter* eingeladen und wurde man *von Neugier verzehrt*, dann sprach die Herzogin *mit dem Dichter über das Wetter. Dann wurde zu Tisch gegangen. »Mögen Sie Eier gern auf diese Art?« fragte sie ihn nun.* Angesichts der Billigung, auf die das Gericht bei ihm stieß — wie übrigens auch bei ihr, denn sie fand alles ausgezeichnet, was es bei ihr gab, sogar den abscheulichen Apfelwein, den sie aus Guermantes kommen ließ —, bedeutete sie dem Diener: »Noch einmal Eier für Monsieur«, während jener Dritte ängstlich aufpaßte, daß ihm nur nichts entginge, was die beiden eigentlich sich zu sagen hätten, da ja der Dichter und die Herzogin trotz unerhörter Schwierigkeiten möglich gemacht hatten, sich vor ihrer Abreise noch einmal zu sehen. Doch die Mahlzeit nahm ihren Fortgang, die Speisen wurden nacheinander gebracht und abgetragen, nicht ohne Madame de Guermantes Gelegenheit zu geistreichen Scherzen oder amüsanten Geschichten zu geben. Der Dichter aß unausgesetzt, ohne daß Herzog und Herzogin daran zu denken schienen, daß er ein Dichter sei. Bald ging das Déjeuner zu Ende, man verabschiedete sich, und nicht ein Wort war über die Dichtkunst gefallen, die sie alle doch liebten, von der aber infolge einer Zurückhaltung ganz im Geist derjenigen, von der mir Swann

MITTAGESSEN IN RÉVEILLON

Rührei mit Speck

Hummer auf amerikanische Art

Hase auf deutsche Art

Rosen-Konfitüre und Makronen

einen Vorgeschmack gegeben hatte, keiner der Anwesenden sprach. Diese Zurückhaltung war ganz einfach guter Ton. Für den dritten aber hatte sie, wenn er einen Augenblick darüber nachdachte, etwas Melancholisches, und die Mahlzeit im Kreis der Guermantes erinnerte ihn an die Stunden, die schüchterne Liebende zusammen verbringen, ohne sich bis zu dem Augenblick, da sie sich trennen müssen, etwas anderes als Banalitäten zu sagen und — sei es aus Befangenheit, aus Scham oder Ungeschick — ohne daß das große Geheimnis, das sie so brennend gern einander mitgeteilt hätten, aus dem Herzen über die Lippen gelangt. (Die Welt der Guermantes)

Der Erzähler hat das Gefühl, die Welt der Guermantes betretend etwas Wesentlichem zu begegnen; gleichzeitig spürt er, daß auch hier etwas nicht stimmt. Natürlich erscheinen der offen zur Schau gestellte Luxus und die geschwollene Redensart der »Künstler« bei Madame Verdurin, mit der edlen Zurückhaltung der Herzogin verglichen, plötzlich lächerlich. Ist es aber nicht genauso unnatürlich, die ausgezeichneten Speisen, die aufgetragen werden, schweigend zu übergehen? Marcel spürt, daß der Mittelweg zwischen einer Konversation, bei der die Gäste vergessen, was auf ihren Tellern liegt, und einer, bei der die Rezepte so ausführlich erläutert werden, daß keine anderen Themen zum Zug kommen können, der richtige ist. Der Herzogin zuhörend genießt der Held des Romans allerdings ihr Vokabular:

(…) deren sich gern auf solche alten, volkstümlichen Ausdrücke beschränkendes Vokabular so schmackhaft war wie Gerichte, wie man sie manchmal in den köstlichen Büchern von Pampille findet: Gerichte, die in Wirk-

lichkeit jedoch rar geworden sind; es sind ja Speisen, in denen Gelees, Butter, Fleischsaft, Fischklößchen noch echt und unverfälscht verwendet werden und für die sogar Salz aus den Salzteichen der Bretagne beschafft werden muß; am Tonfall, an der Wahl der Worte merkte man, daß die Redewendungen der Herzogin in ihrem tiefsten Grund unmittelbar aus Guermantes herzuleiten waren. (Die Welt der Guermantes)

Den authentischen Zutaten entsprechen die authentischen Wörter, die von Snobs wohl als »vulgär« bezeichnet worden wären. Dabei zeichnen sie sich durch ihre Lebendigkeit aus und bewahren trotzdem die Tradition, was der Sprache der Herzogin eine besondere Würze verleiht. Das mondäne Ritual des Diners nimmt die Dimension eines heiligen Abendmahls an; der auf dem sozialen Gipfel angekommene Schriftsteller spürt, was aus seiner Kunst werden wird:

Von nun an wurde ich unaufhörlich, wenn auch manchmal nur in kleinem Kreis, zu diesen Mahlzeiten eingeladen, deren Gäste ich mir früher vorgestellt hatte wie die Apostel der Sainte-Chapelle. Sie kamen dort tatsächlich wie die ersten Christen zusammen, nicht nur um eine im übrigen ausgezeichnete stoffliche Nahrung zu sich zu nehmen, sondern zu einer Art profanem heiligen Abendmahl; das führte dazu, daß ich nach einigen wenigen Abendessen die Bekanntschaft fast aller Freunde meiner Gastgeber gemacht hatte; sie stellten mich ihnen mit einem so betonten Einschlag von Wohlwollen vor (wie jemanden, den sie von jeher in väterlicher Weise protegiert hätten), daß es keinen unter ihnen gab, der nicht geglaubt hätte, dem Herzog oder der Herzogin gegenüber etwas zu

»Ein Hummer ›à l'américaine‹, der für Mademoiselle de Réveillon vorweg aufgetragen wurde, da sie keine Eier aß, mischte zudem noch unter den angenehmen Duft der Zinnien und Löwenmäuler ein Parfum, das nicht wie jener ein Zweck in sich selber war, sondern gleich darauf durch eine materielle Inbesitznahme noch vervollständigt werden sollte.«

versäumen, wenn er einen Ball gäbe, ohne daß ich auf der Liste stand; gleichzeitig aber, während man einen der köstlichen Château-Yquem trank, die der Keller des Herzogs in sich barg, delektierte ich mich an den Schnepfen, die nach verschiedenen Rezepten zubereitet wurden, welche der Herzog kunstvoll ausarbeitete und abänderte. (Die Welt der Guermantes)

Die aristokratisch kühne Herzogin, deren begeisterte und schockierte Gäste auf die »Wörter« warten, wäre unter Umständen sogar bereit, die neuen Kunstrichtungen zu unterstützen, in die sie von Swann, trotz seines dilettantischen »Anstrichs« ein Kenner auf diesem Gebiet, eingeführt wird. Doch der erdverbundene Herzog, für den ein Bild ein Bild und ein Sou ein Sou ist, bringt sie dazu, sich Schranken aufzuerlegen.

Die kühnen Farben und die Wahl der Themen der Bilder Elstirs passen nicht zu ihrer traditionellen Auffassung von der Kunst. Sie schätzen den Menschen, doch der originelle Künstler, der es wagt, ein *Spargelbund* zu malen, bleibt ihnen verschlossen. Ähnlich geht es Proust mit seinen Modellen für das »Milieu der Guermantes«.

»Ich weiß wohl, daß es nur flüchtige Skizzen sind, aber ich finde sie doch etwas zu wenig durchgearbeitet. Swann hatte tatsächlich die Stirn, uns zum Kauf des Spargelbundes *zu raten. Wir haben das Bild daraufhin sogar einige Tage zu Hause gehabt. Es war nichts weiter als das darauf, ein Bund Spargel, genau wie der, den wir gerade schlucken, die Spargel von Herrn Elstir aber habe ich nicht geschluckt. Dreihundert Francs für ein Bund Spargel! Einen Louisd'or sind sie höchstens wert, und auch das nur, solange sie noch die ersten sind. Das fand ich dann doch etwas stark. (...)«*

»Ich glaube, Sie kennen Monsieur Elstir«, sagte die Herzogin zu mir. »Persönlich ist er sehr nett.«

»Er ist gescheit«, warf der Herzog ein, »man staunt, wenn man mit ihm spricht, daß er als Maler etwas so Gewöhnliches hat.« (...)

»Hat er nicht Ihr Porträt angefangen, Oriane?« erkundigte sich die Prinzessin von Parma.

»Ja, in Krebsrot«, sagte die Herzogin, »aber durch dieses Opus wird sein Name nicht auf die Nachwelt kommen. Es ist schauderhaft. Basin wollte es vernichten.« (...)

Monsieur de Guermantes hatte erklärt (nach dem Gespräch über die Spargel von Elstir und nach dem Genuß derjenigen, die im Anschluß an das Poulet financière auf den Tisch gekommen waren), daß die grünen, gesproßten Stengel, die — wie so witzig jener E. de Clermont-Tonnerre zeichnende vortreffliche Schriftsteller bemerkt, »nicht

die imponierende Strenge ihrer Schwestern besitzen« — mit Eiern gegessen werden sollten. »Den einen freut's, den anderen reut's und umgekehrt«, hatte Monsieur de Bréauté dazu bemerkt. In der Provinz Kanton in China kann man dem Gast kein eleganteres Gericht vorsetzen als durch und durch verfaulte Schnepfeneier.« (...)

»Ich finde ein Land entzückend, in dem man ganz sichergehen will, daß der Milchhändler einem auch wirklich gründlich verfaulte Eier, Eier aus dem Kometenjahr verkauft. Ich sehe mich selbst, wie ich meine kleinen Butterschnittchen in sie eintauche. Ich muß ja sagen, bei Tante Madeleine (Madame de Villeparisis) kommen freilich manchmal halbverfaulte Sachen auf den Tisch, sogar Eier (Madame d'Arpajon protestierte lebhaft). Aber gehen Sie, Phili, Sie wissen es doch so gut wie ich. Das Kücken ist dort schon im Ei. (...) Das ist kein Omelett, was man dort bekommt, sondern eine Kückenzucht, und das stand doch zum mindesten nicht auf dem Menüzettel. Sie haben recht daran getan, daß Sie vorgestern nicht zum Abendessen gekommen sind. Es hat einen Butt in Karbolsäure gegeben! Das war kein Gericht mehr für den Tisch, sondern für eine Leprosenstation. Wirklich, Norpois treibt die Treue bis zum Heldentum: Er nahm zum zweiten Mal!« (Die Welt der Guermantes)

Diese Diners, bei denen der Geist »funkelt«, werden von Hannibal de Bréautés gelehrten Einwänden immer wieder unterbrochen. In einer Welt, in der es zum guten Ton gehört, nichts zu wissen, werden diese »Absonderlichkeiten« gebührend geschätzt. »Ich bin dumm, ich bin eine Bäuerin«, ruft die Herzogin aus, den Dialekt der Landbevölkerung imitierend, während ihr Vetter sie informiert:

»Der Vanillegeschmack in diesem ausgezeichneten Eis, das Sie uns gerade vorsetzen, Herzogin, kommt von einer Pflanze, die Vanillestrauch heißt.« (...)

»Babal, Sie sind großartig, Sie wissen alles«, rief die Herzogin.

Die Spargel von Combray, die am Tisch der Guermantes in den Adelsstand erhoben werden, tauchen in den verschiedensten Varianten auf. Sie stellen einen überschwenglichen Kontrapunkt zu den Diners der Kindheit dar und vermitteln gleichzeitig das Gefühl, man nähere sich der Wahrheit, doch man könne ihr in der Gesellschaft der Guermantes noch nicht begegnen. Der »Esprit« der Herzogin beschränkt sich auf amüsante Histörchen.

Der Autor der *Suche* versteht es allerdings, die »Gerichte«, die die während der Diners in der Stadt verbrei-

»Sobald ich Ihre Erlaubnis bekommen hatte, sandte ich Madame la Duchesse eine kunstvolle Komposition aus Früchten (ich nenne sie kunstvoll, da sie von mir zusammengestellt worden war und Autoren in der Regel bei der Beschreibung ihrer Werke dieses Wort gebrauchen). Hat sie sie erhalten? Sie war an dem Bündel Spargel erkennbar, das ich in die Mitte hatte plazieren lassen, ein Gemüse, das ich vergöttere, wie Sie sehen werden, wenn Sie mein Buch lesen.« (Marcel Proust an Armand de Guiche, 1909)

MITTAGESSEN BEI DEM HERZOG UND DER HERZOGIN VON GUERMANTES

Grüne Spargel mit weichen Eiern

Ammern

Huhn in Madeira

Salat

Vanilleeis

teten Gerüchte darstellen, gehörig zu »salzen«. So setzt er Oriane von Guermantes' Verve in Szene, die bei einem von der Prinzessin von Parma gegebenen Diner sich über den Geiz ihrer Kusine Zénaide d'Heudicourt lustig macht. Doch sie übersieht dabei, daß sie selbst ein Erbe verschleudert, das einzig der Erzähler richtig einschätzen kann. Zunächst sollte man allerdings den »Zutaten«, die sich noch im »Rohzustand« befinden, eine neue Kraft verleihen und sie mit den Augen Elstirs, der ein *Spargelbund* malt, betrachten.

»*Königliche Hoheit müssen nämlich wissen*«, fuhr der Herzog fort, »*daß Orianes Kusine überlegen, gutmütig, dick sein mag, alles was man will, aber nicht — wie soll ich sagen — gerade verschwenderisch.*«

»*O ja, ich weiß, sie ist knickerig*«, fiel die Prinzessin ihm ins Wort.

»*Ich würde mir nicht erlaubt haben, diesen Ausdruck zu gebrauchen, Königliche Hoheit, aber er trifft den Nagel auf den Kopf. Das nun wirkt sich im Zuschnitt des Hauses und ganz speziell in der Küche aus, die ausgezeichnet ist, aber sehr knapp. (...) Im übrigen aber muß man sagen, man tafelt dort recht gut (...). Ich kenne kein Haus, in dem man besser...*«

»*Und weniger ißt*«, fiel die Herzogin ihm ins Wort.

»*Das ist sehr gesund und völlig ausreichend für einen Krautjunker wie mich*«, fuhr der Herzog fort. »*Man fühlt sich nie zu satt.*«

»*Freilich, wenn man es als Kur betrachtet, ist das (...) eher hygienisch als geradezu opulent. Zénaides Küche ist nicht schlecht, aber man fände sie mittelmäßig, wenn sie reichlicher wäre. Es gibt Dinge, die ihr Koch ausgezeichnet macht, und andere, die er eben nicht kann. Wie überall woanders auch habe ich bei ihr manchmal sehr schlecht gegessen, nur hat es mir hinterher weniger ausgemacht, weil der Magen ja stärker auf Quantität als auf Qualität reagiert.*«

»*Gut, aber um zum Ende zu kommen*«, sagte der Herzog, »*Zénaide wollte absolut, daß Oriane zum Déjeuner käme; da aber meine Frau nicht gern zu anderen geht, sträubte sie sich zunächst (...). ›Komm doch, du mußt kommen‹, drängte Zénaide (...). ›Du bekommst ein Kastanienpüree, weiter sage ich nichts, und dann sind sieben kleine Bouchées à la reine vorgesehen.‹*«

»*Sieben Bouchées*«, rief Oriane, »*dann sind wir mindestens acht!*« (Die Welt der Guermantes)

Marcel Proust (hinten Mitte) in Amphion bei der Prinzessin Brancovan.
1. Reihe: Prinzessin von Caraman-Chimay und Abel Herman; 2. Reihe: Madame de Montegnard, Prinzessin von Polignac, Gräfin Mathieu von Noailles; 3. Reihe: Prinz Edmond von Polignac, Prinzessin Brancovan, Marcel Proust, Brancovan, Madame X und Léon Delafosse. (Links)

Die Rosen von Réveillon …
»Sie alle bewahrten (…) jene erlesene Süße des Tones, die oben an den Jardinieren aus Meißner Porzellan, aus denen sie hervorquollen, den Zauber einer gemalten Blüte ausmachte (…).«

DAS MEER

Paul Helleu, Junge Frau mit Sonnenschirm auf einer Mole, Musée des Arts décoratifs, Paris.

»Am Abend aßen sie nicht im Hotel, wo die elektrischen Lampen den Speisesaal mit Licht überfluteten, so daß dieser zu einem riesigen wunderbaren Aquarium wurde (...).«

»Wir sahen nun schon das Hotel, seine (...) Lichter, die nun etwas Schützendes, Sanftes, Heimkehrkündendes hatten.«

Marcel Proust komponiert eine ideale Normandie; Elemente der Bretagne, Hollands, des Genfer Sees und sogar Venedigs, der an diesen Küsten liegenden Seebäder sowie seine Erinnerungen an seine Aufenthalte in Houlgate, Dieppe, Trouville und Cabourg fließen in das Bild ein. Zwischen 1907 und 1914 arbeitet er an der Küste der Normandie regelmäßig an der Niederschrift seines Buches, dessen erste Kapitel er im Grand-Hôtel von Cabourg, zu dessen ersten Gästen er gehört, abschreiben läßt. »Als ich erfahren hatte, daß in Cabourg ein Hotel eröffnet wurde, das komfortabelste an der Küste, fuhr ich hin (…). Seit ich hier bin, kann ich jeden Tag aufstehen und ausgehen, was mir seit sechs Jahren nicht mehr widerfuhr«, schreibt er im August 1907 an Madame de Caraman-Chimay.

Balbec, die normannische Synthese aus Meer und Jugend, ist zunächst für den Helden wie so viele Träume, die sich endlich realisieren, eine Enttäuschung:

In der kleinen Lokalbahn, die uns nach Balbec-Plage führen sollte, traf ich meine Großmutter (…). Sie fragte mich: »Nun, und Balbec?« mit einem so strahlenden Lächeln der Hoffnung auf ein großes Vergnügen, das mir, wie sie glaubte, zuteil geworden war, daß ich nicht wagte, ihr meine Enttäuschung sofort einzugestehen. (…) Doch wieviel schwerer wurde mein Leiden noch, als wir die »hall« des Grand-Hôtel von Cabourg mit ihrer monumentalen Treppe aus falschem Marmor im Hintergrund betraten und meine Großmutter, unbekümmert darum, ob sie auch nicht die Feindseligkeit und Verachtung der Fremden vermehrte, in deren Mitte wir leben sollten, die »Bedingungen« mit dem Direktor besprach, einer Art von nickendem Pagoden, dessen Gesicht und Stimme eine Menge Narben aufwiesen (das Gesicht von zahllosen früheren Pickeln, die Stimme von den Spuren der vielen wechselnden Idiome, die Folge eines entlegenen Ursprungs und einer kosmopolitischen Jugend), im Smoking und mit dem Blick der Psychologen begabt, der gewöhnlich bei Ankunft des »Bummelzugs« die großen Herren für Habenichtse und die Hotelratten für große Herren nahm. (…)

Ich staunte, daß es Leute gab, die so verschieden von mir waren, daß (…) sich für sie dieser Ort der Qualen — wie jeder neue Wohnort es ist — als ein »entzückender Aufenthaltsort« präsentieren konnte, wie nämlich der Hotelprospekt verriet, der zwar übertreiben mochte, aber doch jedenfalls sich an eine Klientel wendete, deren Geschmack er entsprach. Allerdings rühmte er, um die Leute ins Grand-Hôtel zu locken, nicht nur die »auserlesene Küche« und den »feenhaften Blick« auf die Kasinogärten, sondern wies auch auf die »verpflichtenden Gebote Ihrer Majestät der Mode« hin, »die man nicht verletzen kann, ohne als ein Barbar zu gelten, ein Urteil, dem kein wohlerzogener Mensch sich doch wohl aussetzen möchte«. (Im Schatten junger Mädchenblüte)

Der in Combray vertraute Wind bestärkt hier in Balbec das »soziale« Unwohlsein des Helden. Denn indem sie den belebenden Meerwind in den konventionellen Speisesaal des Hotels eindringen läßt, wirft die Großmutter die schöne, starre, provinzlerische Ordnung des *Badelebens* über den Haufen:

(…) der kahle, von grünem Sonnenlicht wie ein Wasserbecken durchflutete Speisesaal von Balbec, von dem, nur ein paar Meter entfernt, das brandende Meer und das helle Tageslicht wie vor der himmlischen Stadt einen unzerstörbaren Wall aus Smaragd und Gold aufrichteten, nicht nur dem Äußeren nach. Da uns in Combray jeder kannte, kümmerten mich die Leute nicht. Beim Badeleben kennt man nicht einmal seine Nachbarn. (…) Ich besaß noch nicht die weit noblere Gleichgültigkeit eines Weltmanns angesichts der Personen, die im Speisesaal zu Mittag aßen, oder auch nur die der jungen Männer und Mädchen, die auf dem Deich vorübergingen; ich litt bei dem Gedanken, daß ich nicht mit ihnen Ausflüge machen könnte. (…) Ich verfolgte alle ihre Bewegungen durch die große Fensterwand hindurch, die soviel Licht einließ. Aber sie hielt den Wind von uns ab, und das war ein Mangel in den Augen meiner Großmutter, die, da sie den Gedanken nicht ertrug, ich könnte die Wohltaten einer Stunde frischer Luft einbüßen, verstohlen einen der Flügel öffnete, wodurch mit einem Schlag die Menüs, Zeitungen, Schleier und Mützen aller beim Frühstück befindlichen Personen sich in die Lüfte erhoben; sie selbst von himmlischem Hauch umweht, verhielt sich ruhig lächelnd wie die heilige Blandina inmitten aller Schmähungen, in welche, mein Gefühl der Einsamkeit und Trauer noch vermehrend, alle die mißachtend blickenden, mit wirrem Haar und wütend dasitzenden Touristen einmütig gegen uns einstimmten. (Im Schatten junger Mädchenblüte)

Die Großmutter, der jedes Urteil über sie gleichgültig ist und die sich nicht einmal um die Blicke kümmert, die man ihr zuwirft, besitzt die intelligente Entschlossenheit und gleichzeitig heitere Gelassenheit derer, die überzeugt sind, daß sie »richtig« handeln. Im Gegensatz zu ihrem Enkel kümmert es sie nicht, ob sie von der »guten Gesellschaft« der Hotelkunden akzeptiert wird oder nicht; sie kümmert nur seine Gesundheit.

Diese kleine Gruppe im Hotel von Balbec begegnete je-

dem Neuankömmling mit mißtrauischen Blicken, und
während alle so taten, als interessierten sie sich gar nicht
für ihn, fragten sie doch ihren Freund, den Oberkellner,
nach ihm. Denn es war immer derselbe — Aimé —, der alle
Jahre zur Saison erschien und ihnen ihre Tische reservierte;
und da ihre Gattinnen wußten, daß seine Frau ein Baby
erwartete, arbeiteten sie nach dem Essen alle an einem
Stück Erstlingswäsche, während sie uns mit ihren Lorgnons musterten, meine Großmutter und mich, weil wir
den Salat mit harten Eiern darin aßen, was für unfein galt
und in den ersten Kreisen von Alençon nicht üblich war.
(Im Schatten junger Mädchenblüte)

Den Wind lieben und harte Eier im Salat essen, das
sind Familientraditionen, die in ihrer Natürlichkeit die
Provinznotabeln, die die Neuankömmlinge von oben bis
unten mustern, mißtrauisch werden lassen. Doch das Gefühl, ausgeschlossen zu sein, wird schon bald durch die
Entdeckung des Meeres ausgeglichen, das den jungen
Helden verzaubert. In Balbec erhält er eine doppelte Lek-
tion: Die Einfachheit seiner Großmutter verbindet sich
mit der erstaunlichen Entdeckung, daß die Realität selbst
ein unerschöpfliches Gedicht ist und daß man, sich mit
ihr auseinandersetzend, zum Künstler wird.

Wenn die Sonne am Morgen hinter dem Hotel vorkam
und vor meinen Augen die beleuchteten Uferräume bis zu
den ersten Bollwerken des Meeres aufdeckte, schien sie
mir ein neues Blickfeld zu eröffnen und mich zu einer
wechselvollen Fahrt auf der kreisenden Bahn ihrer Strahlen, vorbei an den schönsten Aussichtspunkten der vielge-
staltigen Landschaft der Stunden, aufzufordern, die ich

»Ich hatte sehr viel Ver-
ständnis für den Reiz, den
dieser große Hotelpalast gewissen Personen bieten
mochte. Er war eingerichtet
wie ein Theater, und eine
zahlreiche Komparserie be-
lebte ihn (…).«
Trouville um 1900, Zeich-
nung von Edmond Emile
Gotorbe.

— selbst unbeweglich — vollzog. Und schon am frühen Morgen bezeichnete mir die Sonne in der Ferne mit lächelnd erhobenem Finger die blauen Gipfel des Meeres, die auf keiner Karte der Welt einen Namen haben, bis sie dann, überwältigt von ihrem grandiosen Lauf über die hallende, wogende Fläche der Wellenkronen und Wellentäler vor dem Wind ihre Zuflucht in mein Zimmer nahm, sich dort auf dem zerwühlten Bett breitmachte und ihre Schätze über dem naßgespritzten Waschtisch und dem umgestürzten Koffer ausschüttete, wo gerade ihr unerhörter Glanz und unangebrachter Luxus die Unordnung um so mehr hervortreten ließen. Eine Stunde später im Speisesaal — während wir frühstückten und wie aus einer ledernen Kalebasse ein paar Tropfen goldgelben Zitronensaft auf zwei Seezungen träufelten, von denen auf unseren Tellern bald nur das flatternde, gleich einer Feder gelockte und wie eine Zither summende Gerüst der Gräten übrigblieb — kam es meiner Großmutter bedauerlicherweise grausam vor, auf den belebenden Hauch des Seewindes wegen der durchsichtigen, aber geschlossenen Fensterscheibe verzichten zu müssen, die uns wie das Glas vor einer Auslage vom Strande trennte, uns selbst von außen aber gänzlich sichtbar machte und den Himmel so vollkommen einließ, daß seine Azurtöne die Farbe der Fenster und seine weißen Wolken nur fehlerhafte Stellen im Glas zu sein schienen. Ich selbst bildete mir ein, ich sitze auf der Mole oder in der Tiefe jenes »Boudoir«, von dem Baudelaire spricht, und fragte mich, ob seine »Sonne, die auf dem Meer erstrahlt«, — anders als der schlichte Abendschein, der wie ein goldener zitternder Pfeil an der Oberfläche steckenblieb —, nicht die gleiche sei, die in diesem Augenblick das Meer topasfarben aufflammen, schäumend gären, blond und milchig wie Bier werden ließ, während augenblicklicherweise große blaue Schatten, die ein Gott durch spielendes Bewegen eines Spiegels am Himmel hin und her zu schieben schien, darauf entlangwanderten. (Im Schatten junger Mädchenblüte)

Die Begegnung mit Madame de Villeparisis, geborene Madeleine de Bouillon, die *mit ihrem ganzen Hauspersonal* im Grand-Hôtel abgestiegen war, gibt dem Schriftsteller die Möglichkeit, frühere Aufzeichnungen über Chardin fast Wort für Wort zu verwenden. Seine *opulente* und *genießerische* Schönheit hatte Proust die Schönheit eines Lebens gezeigt, das er *langweilig fand,* und auch die Schönheit dessen, *was er Mittelmäßigkeit nannte.* Am Tisch von Madame de Villeparisis, einer Schulkameradin seiner Großmutter, die sich durch die gleiche Einfachheit und Diskretion auszeichnet, wird Marcel Chardin eben-

bürtig. Der Maler hatte es in der Tat verstanden, *den banalen und traurigen Augenblick, in dem man mit dem Mittagessen fertig, der Tisch aber noch nicht abgeräumt ist,* festzuhalten.

Der junge Mann beschäftigt sich seinerseits *mit der großen Kunst einer Natur, die er für engstirnig gehalten hatte.* Das Essen verwandelt sich in ein prächtiges Stilleben:

Aus Diskretion wollte Madame de Villeparisis meine Großmutter gleich wieder allein lassen, doch diese zog es ihrerseits vor, ihre Freundin bis zum Mittagessen festzuhalten, denn sie wollte gerne von ihr wissen, wie sie es anstelle, ihre Post früher als wir zu erhalten und zu guten Rostspeisen zu kommen (denn Madame de Villeparisis, die sehr viel Wert aufs Essen legte, schätzte nur wenig die Küche unseres Hotels, in dem man uns — wie meine immer so gerne Madame de Sévigné zitierende Großmutter sagte — »Menüs, so pomphaft, daß man verhungern könnte« — servierte). Die Marquise machte es sich nun zur Gewohnheit, alle Tage, bis ihr Essen kam, sich einen Augenblick zu uns in die Halle zu setzen, ohne daß wir aufstehen oder uns nur im geringsten ihretwegen bemühen durften. Höchstens hielten wir uns, um mit ihr zu plaudern, nach dem Essen etwas länger als sonst an unserem Tisch auf, zu jenem unschönen Zeitpunkt, da die Messer nachlässig neben den zerknüllten Servietten herumliegen. Um in mir, damit ich Balbec auch weiterhin lieben könne, die Vorstellung wachzuhalten, ich befände mich an einem der äußersten Punkt der Erde, bemühte ich mich, in die Ferne zu blicken, nichts als das Meer zu sehen, darauf die von Baudelaire beschriebenen Stimmungen zu erkennen und meine Blicke auf unserem Tisch nur an jenen Tagen ruhen zu lassen, wo irgendein großer Fisch aufgetragen wurde, der im Gegensatz zu Messern und Gabeln schon in jener Urzeit existiert hatte, als das erste Leben im Ozean entstand, zur Zeit der Kymrer bereits; eine Art Seeungetüm, dessen Leib mit den unzähligen Rückenwirbeln und dem blau und rosa Geäder von der Natur nach einem architektonischen Plan erbaut worden war wie eine in vielen Farben gehaltene Meereskathedrale. (Im Schatten junger Mädchenblüte)

In der *Suche nach der verlorenen Zeit* führt Elstir, der Maler des *Spargelbundes,* der den Guermantes so mißfällt, in die Schönheit der uns umgebenden Welt ein. Dieser Archetypus eines Malers wohnt in der Nähe von Balbec. Die Begegnung mit dem Maler ist für den jungen Helden von großer Bedeutung; er begreift, daß ein Stilleben lebendig werden kann und wie das Leben immer etwas Neues zu sagen hat:

»Chardin war nicht nur ein Mann, der sich gerne in Eßzimmern aufhielt, von Früchten und Gläsern umgeben; er hatte ein lebhafteres Bewußtsein. Seine zu intensive Sinnenlust hat sich in kräftigen Tupfern, in ewigen Farben überschäumend ausgedrückt.«
Jean-Baptiste Chardin, Trauben und Granatäpfel, Musée du Louvre, Paris. (Unten)

»Der auf das Meer geöffnete Speisesaal in Balbec mit seiner Damastwäsche, die wie ein Altartuch hingebreitet schien, um den Sonnenuntergang zu empfangen (...).«
(Folgende Seiten)

»Und tatsächlich kamen die Schokoladensoufflés an ihrem Bestimmungsort an, ohne umzustürzen (…).«

Ich blieb jetzt gern noch bei Tisch sitzen, während schon abgetragen wurde, und wenn es sich nicht gerade um einen Zeitpunkt handelte, zu dem die kleine Schar vorbeikommen konnte, wendete ich meine Blicke nicht mehr ausschließlich der Seeseite zu. Seitdem ich dergleichen auf Elstirs Aquarellen gesehen hatte, suchte ich in der Wirklichkeit, da ich sie jetzt wie etwas Poetisches liebte, die unterbrochene Gebärde der noch kreuz und quer umher liegenden Messer wiederzufinden, die gebauschte Form einer nicht zusammengelegten Serviette, in die die Sonne ein Stückchen gelben Samt einwebt, das halbgeleerte Glas, das dadurch um so besser die edle Flucht seiner Umrißlinien zeigt, und auf dem Grund seiner durchsichtigen Substanz, die nur wie eine Verdichtung des Tageslichtes wirkt, eine dunkle, von Lichtreflexen flimmernde Neige Wein, die Verschiebung der Größenordnungen, die Umwandlung der Flüssigkeiten durch den Beleuchtungseinfall, die Verwandlung der Pflaumen, die in der nur noch halb vollen Obstschale von grünen in blaue und von blauen in goldene Töne übergehen, die Promenade der abgenutzten Stühle, die zweimal am Tag sich um einen Tisch versammeln, der festlich gedeckt ist wie ein Altar, auf dem die Riten des Feinschmeckertums zelebriert werden sollen, und wo in den Austernschalen ein paar Tropfen schillernden Wassers zurückgeblieben sind wie in winzigen steinernen Wasserbecken; ich versuchte die Schönheit der Dinge dort zu erkennen, wo ich sie mir niemals vorgestellt, in den gebräuchlichsten Dingen, jenem intensivierten Da-sein, das auf »Stilleben« dargestellt wird. (Im Schatten junger Mädchenblüte)

Er muß nur noch das »Rezept« seines Stils erarbeiten, der der Palette eines Malers mindestens soviel zu verdanken hat wie der köstlichen Kunst eines Cordon bleu, und die *noch verteilten und zerstreuten, doch berauschend und sichtbar vorhandenen Säfte* jeden Tages miteinander vermischen und die Atmosphäre in einem Zimmer wie dem von seiner Großmutter »verdaubar« machen:

Das ihre ging nicht wie das meine unmittelbar auf das Meer, sondern öffnete sich nach drei Seiten hin: auf eine Ecke der Mole, auf einen Hof und auf das flache Land; auch möbliert war es anders als meines; es standen Sessel darin, deren mit Metallfäden und rosa Rosen bestickte Bezüge den angenehmen frischen Duft auszuhauchen schienen, der einem beim Eintritt entgegenkam. Und in dieser Stunde, da die Sonnenstrahlen je nach der Lage der betreffenden Seite von verschiedenen Richtungen her sich an den Mauerecken brachen, neben einem Reflex, der von der Brandung herrührte, auf die Kommode ein Schmuckaltärchen setzten, das bunt wie die Blumen am Wege war, an die Wand die gefalteten, warm zitternden Flügel einer Helligkeit hefteten, als ob sie gleich wieder fortflattern wollte, ein Viereck des provinziellen Teppichs aufheizten wie ein Bad unter dem kleinen Hoffenster, das die Sonne wie mit Weinlaubgehängen bekränzte, den Reiz und die Vielfalt der Möbelausstattung mehrten, indem sie die Blätter der blumigen Seide stärker hervortreten und die Stickerei ausdrucksvoller erscheinen ließen, glich das Zimmer, das ich einen Augenblick durchschritt, bevor ich mich für die Ausfahrt umkleidete, einem Prisma, das die Farben des von außen einfallenden Lichtes zerlegte, oder einer Bienenwabe, in der die Säfte des Tages, die ich kosten sollte, noch verteilt und zerstreut, doch berauschend und sichtbar vorhanden waren, oder einem Garten der Hoffnung, der im zitternden Weben der Strahlen und rosigen Blütenblätter verschwamm. Vor allem andern aber hatte ich meine Vorhänge aufgezogen, um zu wissen, was für ein Meer sich heute wie eine Nereide am Saum des Strandes spielend erging. Denn keines blieb länger als einen Tag. Am nächsten schon war ein anderes da, das manchmal dem vorigen glich. Nie aber habe ich zweimal dasselbe gesehen. (Im Schatten junger Mädchenblüte)

Die Farbe der Früchte und das Meer ändern sich im Ablauf des Jahres, ein Sinnbild für die verrinnende Zeit, die Hauptperson des Romans.

Seit einigen Tagen sah man in einer pomphaften Equipage die rothaarige, schöne, mit einer etwas kräftigen Nase ausgestattete Prinzessin von Luxemburg vorbeifahren, die ein paar Wochen in dieser Gegend auf dem Land verlebte. Ihr Wagen hatte vor dem Hotel gehalten, ihr Diener war hereingekommen, hatte mit dem Direktor gesprochen, war zum Wagen zurückgekehrt und hatte herrliche Früchte

DINER MIT ROBERT DE SAINT-LOUP

Austern

Wolfsbarsch in Sud

Lamm aus Pauillac

Dampfkartoffeln

Schokoladensoufflé

»Abends (…) war es vorgekommen, daß ich auf Grund eines Lichteffektes einen düsteren Teil des Meeres für eine ferne Küste hielt oder mit Freude eine blaue, zerfließende Zone bemerkte, ohne zu wissen, ob sie noch Meer oder schon Himmel war.«

hereingetragen (die in einem einzigen Korb wie die Bucht von Balbec verschiedene Jahreszeiten versinnbildlichten). (…) Welchem fürstlichen Gast, der hier inkognito weilte, mochten diese Früchte, meergrüne Reineclauden, die mit ihrer schimmernden Wölbung der Rundsicht des Meeres in diesem Augenblick glichen, durchscheinende Weinbeeren, die an ihren holzigen Stielen hingen wie ein klarer Tag im Herbst, Birnen von himmlischem Ultramarin, wohl nur zugedacht sein? Denn die Prinzessin konnte ja wohl nicht der Freundin meiner Großmutter einen Besuch machen wollen. Jedoch am folgenden Tage schickte uns Madame de Villeparisis eine frisch duftende goldene Traube und Pflaumen und Birnen, die wir gleichfalls wiedererkannten, obwohl die Pflaumen wie das Meer zur Stunde unseres Mittagsmahls grau und rosa schillerten und über dem Ultramarin der Birnen ein paar rosige Wolkengebilde lagen.
(Im Schatten junger Mädchenblüte)

Auf der gegenüberliegenden Seite der Bucht feiert der Erzähler im Restaurant von Rivebelle die Geburt des *neuen Menschen* in ihm, des Schriftstellers. Ehrengast dieser Diners ist der Neffe der Marquise de Villeparisis, Robert de Saint-Loup, dessen ungezwungene Eleganz und perfekte Einfachheit von Marcel bewundert werden:

Aber sogleich, als wir in Rivebelle ankamen, trat infolge der Erregung durch ein neues Vergnügen und den Einfluß einer unbekannten Region, in die das Außergewöhnliche uns entführt, nachdem wir einmal den tagelang geduldig gesponnenen Faden, der uns zur Weisheit leiten sollte, haben abreißen lassen — als werde es niemals mehr ein Morgen geben noch höhere Zwecke, die man verwirklichen will —, der genau funktionierende Mechanismus einer hygienischen Vorsorge, die zum Schutz dieser Zwecke erfunden war, außer Kraft. Während ein Diener mir meinen Mantel abnahm, sagte Saint-Loup zu mir:

»Werden Sie auch nicht frieren? Sie würden ihn vielleicht doch besser bei sich behalten, es ist offenbar nicht sehr warm.«

Ich antwortete »Nein, nein« und fühlte vielleicht die Kälte auch tatsächlich nicht; jedenfalls aber wußte ich von der Angst, krank zu werden, von der Unentrinnbarkeit des Todes, der Wichtigkeit meiner Arbeit nichts mehr. Ich gab also meinen Paletot ab; wir traten in den Speisesaal unter den Klängen einer kriegerischen Marschmusik, die die Zigeuner spielten, und gingen auf die Reihen gedeckter Tische zu wie auf einer bequem vor uns sich öffnenden Via triumphalis, und obwohl wir fühlten, wie die Rhythmen des Orchesters, das uns solche militärischen Ehren und eine so unverdiente Ehrung bereitete, unseren Körper mit ei-

Tee-Einladung bei Albertine

Sandwiches mit Chester

Apfelkuchen

Aprikosentörtchen

Apfelwein

»Gegen fünf Uhr erreichten, wenn es draußen schön war, die Sonntage bei Madame Laudet ihren Höhepunkt. Bei dem Vergnügen aber, das sie beim Anblick der mit Menschen dicht besetzten Tische empfand, mischte sich unter die Genugtuung der erfolgreichen Geschäftsfrau (…) etwas wie ein angenehmes Gefühl des Stolzes, von soviel Sympathien umgeben und im Besitz von soviel Macht zu sein.« (Gegenüberliegende Seite)

*nem Feuer des Glücks durchdrangen, verbargen wir unsere
Gefühle unter einer ernsten, eisigen Miene und einer lässigen
Art des Schreitens, um nicht den gewissen schneidigen
Chansonetten zu gleichen, die zum Absingen eines übermütigen
Couplets auf eine kriegerische Melodie in der
martialischen Haltung eines siegreichen Generals auf die
Bühne stolzieren.*

*Von dem Augenblick an war ich ein neuer Mensch,
nicht mehr der Enkel meiner Großmutter — ich würde
mich vielmehr ihrer erst wieder erinnern, wenn ich das Lokal
verließ —, sondern für Augenblicke Bruder jener Kellner,
die unsere Bestellungen ausführen kamen. (Im Schatten
junger Mädchenblüte)*

*Ich fühlte mich getrennt (…) von allen Sorgen und Beschäftigungen,
die ich da draußen zurückgelassen hatte
(…) und zwar (…) durch den Wohlgeschmack der raffinierten
Gerichte, die hier vorgesetzt wurden. Diese Gerichte
schenkten meiner Phantasie ebensoviel Freude wie
meinem Genießertum; manchmal hing ein kleines Stück
der Natur, aus der sie herausgenommen waren, ihnen
selbst noch an, so die gefurchte Weihwasserschale der Auster,
in der noch ein paar salzige Tropfen hafteten, oder ein
knotiger Kienspan oder ein Stück dürrer Rebe einer Weintraube,
nicht eßbar, aber poetisch und in die Ferne weisend
wie eine Landschaft, geeignet zudem, im Lauf des Abendessens
Vorstellungen von einer Siesta im Weinberg oder
einer Spazierfahrt auf dem Meer zu wecken; an anderen
Abenden wurde nur durch den Koch die originale Eigenart
der Speisen hervorgehoben, wenn er sie in ihrem dazugehörigen
Rahmen wie ein Kunstwerk auftrug; ein Fisch im
Sud wurde auf einer langen irdenen Schüssel hereingebracht,
wo er von einer Streu aus bläulichen Kräutern sich
plastisch abhob, noch in ganzer Größe, aber leicht aufgerollt,
weil er lebend in das kochende Wasser geworfen war,
und, satellitenartig von kranzförmig angeordneten Schalentieren
wie Taschenkrebsen, Krabben und Muscheln umgeben,
wie eine Keramik von Bernard Palissy wirkte. (Die
Welt der Guermantes)*

Die strikte Diät vergessend, die er aufgrund seines
schwachen Gesundheitszustandes einhalten muß, die sozialen
Schranken mißachtend, die ihn von den Kellnern
trennt, und schließlich die Familie vergessend — welch
Sakrileg! —, erweitert sich für Marcel die Szene, bis sie
universelle Dimensionen annimmt. In seiner Trunkenheit
sieht er die Sterne kreisen. Er ist euphorisch, denn er hat
bestehende Schranken überschritten, und verwandelt sich
inmitten der sich mit Flüchtigkeiten beschäftigenden
Speisenden zu einem Übermenschen:

Das Quantum Bier und erst recht Champagner, das ich in Balbec nicht einmal im Laufe einer Woche zu konsumieren gedachte, dort wo gleichwohl mein ruhiges, klares Bewußtsein mir diese beiden Getränke als etwas höchst Schätzenswertes, aber doch Entbehrliches erscheinen ließ, nahm ich jetzt im Lauf einer einzigen Stunde in mich auf, nicht ohne auch noch ein paar Tropfen Portwein hinzuzufügen, obwohl ich aus Zerstreutheit auf seinen Geschmack gar nicht achtete; dem Geiger aber, der gerade zur Tafel aufgespielt hatte, spendete ich die beiden Louisd'ors, die ich mir vier Wochen für eine Anschaffung aufgespart hatte, für welche, wußte ich nicht mehr. Manche der zwischen den Tischen verkehrenden Kellner jagten, eine Schüssel auf der ausgestreckten Hand, förmlich an uns vorbei; es schien der Zweck dieser Art von sportlichen Läufen zu sein, die Platte nicht fallen zu lassen. Und tatsächlich kamen die Schokoladensouflés an ihrem Bestimmungsort an, ohne umzustürzen, die Dampfkartoffeln lagen trotz des Galopps, bei dem sie hätten herunterrollen müssen, noch wie am Ausgangspunkt schön um den Lammbraten geordnet da. (…) Bald jedoch ordnete sich dies Schauspiel, für meine Blicke wenigstens, zu einem edleren und ruhigeren System. Die wimmelnde Emsigkeit wurde zu stiller Harmonie. Ich betrachtete die runden Tische, deren unübersehbare Menge sich durch die Restaurationsräume zog, als ebenso viele Planeten, wie sie auf allegorischen Bildern aus alter Zeit erscheinen. Eine unwiderstehliche Anziehungskraft bestand zwischen diesen verschiedenen Gestirnen, und an jedem der Tische hatten die Speisenden Augen nur für die, an denen sie nicht saßen, mit Ausnahme höchstens eines reichen Gastgebers, dem es gelungen war, einen berühmten Schriftsteller an den seinen zu ziehen, und der nun kraft einer Art von Tischrücken unbedeutende Äußerungen aus diesem herauszulocken trachtete, über welche die Damen sich vor Staunen nicht zu lassen vermochten. Die Harmonie zwischen diesen Sternen ließ gleichwohl ein unentwegtes Kreisen der dienenden Trabanten zu, die, da sie nicht saßen, sondern standen, in einer höheren Sphäre ihre Bahnen zogen. Offenbar liefen sie, um die Hors d'œuvres herbeizuschaffen, den Wein zu wechseln und weitere Gläser zu bringen. Aber trotz ihrer Sonderstellung ließ ihr ewiges Kommen und Gehen zwischen den runden Tischen endlich doch die Gesetzmäßigkeit dieser schwindelerregenden und doch geordneten Umdrehungen erkennen. Hinter einem mächtigen Blumenarrangement thronend, saßen zwei grauenerregende Kassiererinnen über endlosen Zahlenkolonnen wie hexenhafte Sibyllen, die nach astrologischen Berechnungen die Revolution vorauszusehen suchten, die dann und wann an diesem nach einem mittelalterlichen Stand der Wissenschaft konzipierten Himmelsgewölbe sich vollziehen mochte.

All die anderen Gäste taten mir eigentlich leid, denn ich ahnte, daß für sie diese runden Tische keine Planeten waren und daß sie sich nicht in den Dingen einen Aus-

»Übermorgen wollen wir mit dem Wagen nach Harambouville. Die Straße ist großartig und der Apfelwein ausgezeichnet (…). Ich werde Ihnen normannische Kuchen vorsetzen, aber richtige (…).« (Links)

»Wie oft habe ich mir in Paris im Mai (…) einen Apfelblütenzweig im Blumenladen gekauft und dann die ganze Nacht vor seinen Blüten gesessen, in deren Innern die gleiche rahmige Substanz aufquoll, die auch noch die Blattknospen mit ihrem Schaum überzog (…).« (Rechts)

schnitt freizuhalten wußten, mit dessen Hilfe man sich über ihr gewöhnliches Aussehen hinwegsetzt und Analogien erkennt. Sie dachten daran, daß sie mit dieser oder jener Person zu Abend äßen, daß sie das so und so teuer zu stehen käme und daß es am nächsten Abend wieder das gleiche sein würde. (Im Schatten junger Mädchenblüte)

Die Begegnung mit der *Jungmädchenschar* stellt ein Gleichgewicht zu der mit Saint-Loup her. Erinnerungen an die Tee-Einladungen Gilbertes werden wach. Elstir macht den Helden mit dem Mädchen bekannt, das ihn am tiefsten beeindruckt hatte, Albertine:

An diesem Tag (...) hatte Saint-Loup (...) nicht in Balbec bleiben (können). Ich hatte ein paar junge weibliche Wesen aus dem Wagen steigen und den Weg teils zum Kasino, teils zur Eiskonditorei nehmen sehen, Wesen, die mir bezaubernd erschienen waren. (...) Überall glaubte ich elegante Frauen zu sehen, weil ich am Strand zu müde, im Kasino oder in einer Konditorei aber zu schüchtern war, mich ihnen ernstlich zu nähern. Dennoch (...) hätte ich gar zu gern gewußt, wie in Wirklichkeit, aus der Nähe betrachtet, die hübschesten jungen Personen beschaffen seien, die das Leben uns zur Verfügung hält (...). Mit Saint-Loup zusammen hätte ich den Tanzsaal zu betreten gewagt. Da ich aber allein war, blieb ich einfach in Erwartung des Augenblicks, bis ich wieder mit meiner Großmutter zusammensein könnte, vor dem Grand-Hôtel stehen, als ich fünf oder sechs junge Mädchen sah — fast am äußersten Ende der Mole, von wo aus sie sich wie ein merkwürdiger einheitlicher Farbfleck auf mich zu bewegten —, die in Aussehen und Auftreten so vollkommen anders als alles waren, was man sonst in Balbec sah (...).

In dem Augenblick, als Elstir mich zu kommen bat, damit er mich Albertine vorstellen könne, die etwas weiter entfernt saß, aß ich zunächst meinen Mokkaéclair auf und fragte interessiert einen alten Herrn, dessen Bekanntschaft ich gemacht und dem ich geglaubt hatte, die Rose schenken zu sollen, die er in meinem Knopfloch bewundert hatte, nach Einzelheiten über normannische Volksfeste aus. (...)

Ich kehrte in Gedanken an die Matinee nach Hause zurück, ich sah vor mir noch den Mokkaéclair, den ich erst aufgegessen hatte, bevor ich mich von Elstir zu Albertine führen ließ, sowie die Rose, die ich dem alten Herrn geschenkt hatte, alle die ohne unser Wissen von den Umständen ausgewählten Dinge, die für uns mit ihrer einmaligen und zufälligen Konstellation das Bild einer ersten Begegnung bestimmen. (Im Schatten junger Mädchenblüte)

Bei den Picknicks, die er mit seinen neuen Freundin-

nen unternimmt, bleibt der Erzähler seinen Lieblingsspeisen treu, obwohl die Mädchen sich darüber wundern. Er ist jetzt ein Schriftsteller und kennt die Sprache der Kuchen und Törtchen, auch wenn seine hübschen Freundinnen sich über ihn lustig machen. Sein Herz erinnert sich jetzt:

[Ich ließ] ein paar kleine Brote mit Salat oder Chester richten und Obsttörtchen einkaufen (...), um sie zur Stunde der Nachmittagsmahlzeit mit den jungen Mädchen auf der Düne zu verzehren (...). War dann (...) das Sandwichpaket bereit, holte ich Albertine, Andrée, Rosemonde, manchmal auch andere ab, und zu Fuß oder Fahrrad brachen wir auf. (...)

An manchen Tagen vesperten wir in einem der Bauernhöfe, die gleichzeitig Gaststätten waren. (...)

Manchmal aber stiegen wir auch, anstatt in eine solche »Ferme« zu gehen, auf die hohe Düne hinauf, setzten uns oben angekommen ins Gras und packten unsere mitgenommenen Sandwich- und Kuchenpakete aus. Meine Freundinnen zogen die Brötchen vor und wunderten sich, wenn ich nur einen Schokoladenkuchen, der mit krausem Zuckerguß verziert war, oder ein Aprikosentörtchen aß. Doch mit einem Chester- oder Salatsandwich, dummen und neumodischen kulinarischen Erfindungen, wußte ich nichts anzufangen. Die Kuchen aber trugen Wissen in sich, die Törtchen waren geradezu mitteilsam. Der etwas fade Cremegeschmack der ersteren und die kühle Frische der Früchte in den Obsttörtchen enthielten so viele Erinnerungen (...). (Im Schatten junger Mädchenblüte)

»Es war dies recht eigentlich eine Sonntagstorte, die mit Bewunderung angeschaut und an diesen Sonntagen mit Blick auf den (...) an Regentagen violetten oder bei Sonne goldenstrahlenden Himmel gegessen wurde.« (Rechts)

»Vielleicht nur, um sie zu sehen, nur um bei ihr zu sein, kehrte man in diese Meierei ein — so wie man den Nachmittagstee gern in bestimmten Salons einnimmt —, obwohl es hieß, es liege zum Teil an dem Apfelmost, der bei ihr besser sei als sonst überall, und dem Käse, der ganz ausgezeichnet war.« (Folgende Seiten)

DIE WIEDERGEFUNDENE KÜCHE

»Was für ein hübsches Museum ergibt doch ein Diner, (…) wenn die Farbe des Weines aufleuchtet wie die Farbe eines Gemäldes (…), wenn die in Silberschüsseln herbeigeschleppten Gerichte auf der schimmernden Tafel uns innerhalb einer Stunde das erfüllte und unmittelbare Empfinden von verschiedenartigen Meisterwerken schenken, nach deren einem oder anderen wir nur zu verlangen brauchen, damit dieser Wunsch eine müßige Stunde mit Zauber und erregendem Genuß erfüllt.«

Marcel Proust im Jahre 1896; damals gab er in der Wohnung seiner Eltern »literarischste und eleganteste« Diners.

Lange Zeit legte sich der Sohn des berühmten Doktor Proust spät schlafen. In den geistreichen Salons, in denen sich Ende des Jahrhunderts ganz Paris traf, in den modischen Restaurants und Brasserien verkehrte Proust als hinreißender, immer frierender Mann, als ein Freund, der gefallen wollte, als orientalischer Prinz mit einschmeichelnder Stimme. Er lädt ein, verwirft die Einladung, lädt wieder ein, schreibt Briefe, hinterläßt Nachrichten — das Ciro's, das Weber und vor allem das Larue an der Ecke der Place de la Madeleine und der Rue Royale sind seine bevorzugten Treffpunkte, in der die junge, intellektuelle, aus gutem Hause stammende Elite verkehrte.

Le Gaulois berichtete am 25. Mai 1897 und *Le Figaro* am 26.:

Gestern fand bei Monsieur Marcel Proust, der zum ersten Mal seine zahlreichen Freunde empfing, ein ausgesprochen literarisches und elegantes Diner statt. Unter den Eingeladenen: die Herren Anatole France, Comte Louis de Turenne, Comte Robert de Montesquiou-Fezensac, de La Gandara, Jean Béraud, G. de Borda, Reynaldo Hahn usw.

Marquis de Castellane, der sich nicht mehr entschuldigen konnte, war gekommen, hatte aber gleich wieder aufbrechen müssen, um sich zu seinem Vetter zu begeben, dem Prinzen von Sagan.

Der berühmte Arzt Dr. Proust, Vater von Marcel Proust, hatte sich entschuldigt und seinem Sohn die Aufgabe überlassen, als Gastgeber dieses schönen Diners zu fungieren, das sich durch einen besonders funkelnden Pariser Esprit auszeichnete.

Für die eleganten Diners, die er bei seinen Eltern gibt, wie für die Diners unter »Kameraden« kümmert sich Proust um alle Einzelheiten: Er verschickt die Einladungen, kümmert sich um die Sitzordnung und um das Menü. Dabei entwickelt er diplomatische Fähigkeiten, die des Quai d'Orsay, des französischen Außenministeriums, würdig gewesen wären, in dem er in der Tat aufgrund seines Studiums an der »Ecole des sciences politiques« hätte Karriere machen können. Doch er kann sich nicht von Paris trennen. Er interessiert sich für die Kunst. Könnte er *an einem Museum arbeiten* oder *an der Inspection des Beaux-Arts eine Karriere beginnen*, dann wäre das ideal. Der junge, unentschlossene Mann nimmt erfolgreich an einer Stellenausschreibung der »Instruction publique et des Beaux-Arts« teil und erhält einen unbezahlten Posten an der Bibliothèque Mazarine, den er nie antritt. Nach dem Tod seiner Eltern empfängt der ewige Junggeselle nur noch enge Vertraute bei sich zu Hause und gibt seine offiziellen Diners im Ritz.

Professor Adrien Proust stirbt 1903. Ein Jahr später veröffentlicht Marcel seine erste Arbeit, von der er hofft, daß sie als »ernsthaft« anerkannt wird, und die so etwas wie das Zeugnis seiner kindlichen Liebe zum verstorbenen Vater darstellt: die Übersetzung von *The Bible of Amiens* des englischen Kunstkritikers John Ruskin. Nach dem Tod seiner Mutter im Jahre 1905 lähmt ihn der Schmerz sechs Monate lang; während dieser Zeit schließt er die Übersetzung eines zweiten Buches von Ruskin ab, *Sesam and Lilies*. Anschließend beschäftigt er sich mit verschiedenen Projekten und schreibt 1908, *er arbeite an*

einer Studie über den Adel
einem Pariser Roman
einem Essay über Sainte-Beuve und Flaubert
einem Essay über die Frauen
einem Essay über die Päderastie (nicht leicht zu
                                        veröffentlichen)
einer Studie über Glasfenster
einer Studie über Grabsteine
einer Studie über den Roman.

Diese Skizzen bilden den Keim zu dem großen Werk, das provisorisch *Die verlorene Zeit und Die wiedergefundene Zeit* heißt, bevor es seinen endgültigen Titel erhält, *Auf der Suche nach der verlorenen Zeit.*

»(...) das verheißungsvolle Geräusch der gegen die kalten umgetauschten warmen Teller (...).« **(Folgende Seiten)**

Zur gleichen Zeit schreibt Marcel Proust in einem seiner Arbeitshefte: *Das Vergnügen, allein zu sein und für sich zu kochen* und etwas später: *Will ich mein Buch mit Françoises Rinderschmorbraten vergleichen, muß es allen Saft bis zum letzten Rest in sich aufsaugen.* Während er an seinem Werk arbeitet, denkt Proust an diese »Küche«, die er verwirklicht, in der er das Leben in *die unerläßlichen Ringe eines schönen Stils* einarbeitet und das als Modell heranzieht, was ihm in der Küche die gelungenste Kreation erscheint: Françoises Rinderschmorbraten.

Françoise regiert über die Ausarbeitung des literarischen Werkes wie in Combray über die Küche mit ihren entsetzlichen, angsteinflößenden Geheimnissen und schreibt, als sie sich in Paris »im Exil« befindet, sogar die Chronik dieses niemals aufgegebenen Goldenen Zeitalters:

»Aber in Combray gerade waren Sie doch bei einer Kusine von Madame, oder nicht?« fragte der junge Diener.

*»Ja, bei Madame Octave, o ja! Das war eine wirklich gottgefällige Dame, meine lieben Leute, da war al-*les vorhanden, immer ein guter Happen im Haus, alles vom Schönsten und Besten, eine gute Dame, das muß man wohl sagen, der war kein Rebhuhn, kein Fasan leid, nichts, da konnten fünf, sechs Gäste auf einmal kommen, Fleisch war immer da und noch dazu die allerbesten Stücke, weißer und roter Wein, und alles, was man braucht! (...) Alles ging immer zu ihren Lasten, auch die Familie, die ganze Monate und Jahre im Haus war. (Diese Betrachtung enthielt nichts Kränkendes für uns, denn Françoise gebrauchte die Worte ›zu Lasten‹ im sachlichen, kommerziellen Sinn.) Oh, das kann ich euch sagen, hungrig ging da keiner fort.«* (Die Welt der Guermantes)

Charles Monselet betont in seinem Vorwort zu Brillat-Savarins *La Physiologie du goût*, die Gastronomie bestehe hauptsächlich aus verlorener Zeit. Will man den vergessenen Wohlgeschmack zu neuem Leben erwecken, muß man Stunden am Herd verbringen. Man muß die Zeit anhalten: Am 27. Dezember 1906 zieht sich Proust in die Wohnung, in der sein Großonkel Louis Weil zehn Jahre zuvor verstorben war, zurück und schließt sich dort ein, ohne zu wissen, wie lange diese Abgeschiedenheit dauern sollte. Am Boulevard Haussmann wie in der Rue Hamelin lebt er abgeschieden, zerbrechlich, jeden Lärm und alle Küchengerüche vermeidend, die bei diesem Gourmet der Wörter entsetzliche Erstickungsanfälle auslösen können.

Céleste Albaret, die von 1914 bis 1922 seine Hausangestellte war, berichtet:

Ganz zu Anfang, vor dem Krieg, nahm er dann und wann ein wenig Nahrung zu sich. Er ließ sich von Nicolas eine Scholle zubereiten, ein Menü oder eine Leckerei aus dem Restaurant holen. Im übrigen kam, mit ganz seltenen Ausnahmen für Nicolas und Céline, solange sie da waren, alles aus dem Restaurant, weil er sich vor Küchengerüchen fürchtete. Es gab ganz in der Nähe am Boulevard Haussmann ein gutbürgerliches Restaurant, Louis XVI., das für sie lieferte. Für Monsieur Proust war es das Restaurant Larue, das es heute nicht mehr gibt und das er lange bevorzugt hatte; es war sehr bekannt und mondän und lag an der Ecke der Rue Royale und der Place de la Madeleine — er dinierte und soupierte dort häufig mit Freunden. Und schließlich wurde während des Krieges das Restaurant im Hotel Ritz sein Stammlokal.

Bat er Nicolas um derlei Dinge, dann geschah es nach dem Kaffee, den er gegen zwei oder drei Uhr nach-

»Das kalte Rindfleisch mit Karotten erschien, von unserem Küchen-Michelangelo auf enorme Geleekristalle gelagert, die aussahen wie Blöcke aus durchsichtigem Quarz.«

mittags getrunken hatte. Nicolas servierte das Menü oder die Scholle um Punkt fünf oder sechs Uhr. Aber schon damals kam es selten vor — einmal im Monat, höchstens alle vierzehn Tage, wenn ihm gerade der Sinn danach stand, manchmal auch aus Vernunftgründen, zum Beispiel, weil er sich stärken mußte, ehe er ausging.

Aber vor allem waren es seine Gelüste. (...) Im übrigen verlangte Monsieur Proust keine komplizierten Gerichte. Es mußte nur völlig nach seinem Geschmack sein. Er war ein Feinschmecker oder war es vielmehr gewesen. Ich merkte sehr genau, daß die Gelüste ihn überkamen wie plötzliche Erinnerungen.

Auch die treue Céleste bekommt ihren Platz im Buch ihres Herrn, sogar unter ihrem richtigen Namen; sie taucht in Balbec als eine der *Kuriererinnen* auf:

Trotz der Schwierigkeiten, die für einen Gast bestanden, sich in die Zimmer der sogenannten »Kuriererinnen« zu begeben und umgekehrt, hatte ich mich rasch und eng, wenn auch in völlig unschuldiger Form mit den beiden jungen Personen angefreundet, Mademoiselle Marie Gineste und Madame Céleste Albaret. (...) Oft besuchten sie mich am Morgen, wenn ich noch nicht aufgestanden war. (...) Während ich mein Hörnchen in den Milchkaffee tunkte, sagte Céleste zu mir: »Oh, dieser kleine dunkle Teufel, mit Haaren wie pechschwarze Häherfedern, wie schlau und wie boshaft er ist! Ich weiß nicht, woran Ihre Mutter gedacht hat, als sie Sie unter dem Herzen trug, denn Sie haben alles von einem Vogel an sich. Schau nur, Marie, sieht er nicht genauso aus, als ob er sich die Federn glatt streicht? Und wie flink er den Hals wenden kann! Er sieht so leicht aus, daß man meint, er lerne gerade fliegen. Ach! Sie haben Glück, daß Sie sich Ihr Elternhaus unter den Reichen haben aussuchen dürfen: Was wäre sonst aus Ihnen geworden, wo Sie doch so verschwenderisch sind? Da wirft er jetzt sein Hörnchen fort, weil es das Bett berührt hat. Hoppla, jetzt vergießt er auch noch seine Milch, warten Sie nur, damit ich Ihnen eine Serviette umbinde, Sie wissen ja doch nicht, wie man das macht; niemals habe ich jemand gesehen, der so dumm und so ungeschickt ist wie Sie.« (Sodom und Gomorra)

Eine der täglichen Aufgaben Céleste Albertines besteht darin, Proust den Morgenkaffee und das Hörnchen zu servieren.

Mir steht noch alles vor Augen, erinnert sie sich: *die silberne Kaffeekanne mit seinem Monogramm, die Porzellan-Teekanne mit Deckel für die Milch, um sie gut warm zu halten, wenn sie frisch gekocht war, und die*

große henkellose Tasse mit Goldrand und dem Monogramm der Familie; daneben das Hörnchen auf der Untertasse, das aus einer Bäckerei und Konditorei in der Rue de la Pépinière, gegenüber der Rue d'Anjou, kam.

Er schenkte sich selbst ein. Immer wartete er damit, bis er allein war. Er gab mir ein Zeichen mit der Hand, und ich verließ ihn. Zum Beispiel vermag ich nicht zu sagen, ob er zum Milchkaffee wenig oder viel Zucker nahm. Dagegen war es einfach, sich über die Kaffeemenge klar zu werden. Von den zwei Tassen, die die Kaffeekanne enthielt, nahm er das erste Mal ungefähr anderthalb; die henkellose Tasse, die ungefähr einen halben Liter faßte, füllte er dann mit Milch auf. Die Milch mußte kochend heiß sein. Wollte er mehr trinken, dann meist kurz darauf. Er goß den restlichen Kaffee ein, der inzwischen lauwarm geworden war; aber die Milch mußte frisch sein — es kam nicht in Frage, sie wieder anzuwärmen; ich kochte frische Milch ab und brachte sie ihm (...).

In Wirklichkeit war seine Kaffeemahlzeit als eine Ergänzung gedacht. Seine eigentliche Nahrung war die Milch, und manchmal trank er bis zu einem Liter täglich. (...)

Abgesehen von seinem Kaffee trank er nichts — vor allem keinen Wein. (...) Es gibt eine lächerliche Geschichte (...). Danach habe Monsieur Proust (...) im Ritz Champagner getrunken (...). Das ist ein absolutes Unding.

Er hatte nicht oft Gäste (...). Wenn er abends Gäste empfing, ließ er mich gute Weine kaufen, rot oder weiß (...). Abgesehen von den Abendessen gab es Champagner — nur Veuve Cliquot — oder Portwein. (Céleste Albaret, Monsieur Proust)

Je weiter Proust in seiner Arbeit fortschreitet, desto weniger ißt er. Er zieht Gerichte vor, die ihn an die Vergangenheit erinnern:

Der Geschmack des Morgenkaffees führt für uns unbestimmte Hoffnungen auf schönes Wetter herauf, das uns früher so oft, während wir jenen aus einer großen Frühstückstasse aus weißem Porzellan tranken (...) und der Tag in seiner Fülle noch ganz unberührt vor uns lag, in der lichten Ungewißheit des ersten Morgens zuzulächeln schien. Eine Stunde ist nicht nur eine Stunde; sie ist ein mit Düften, mit Tönen, mit Plänen und Klimaten angefülltes Gefäß. (Die wiedergefundene Zeit)

Célestes Aussage wirkt wie ein Echo auf Prousts Roman:

Der Speisesaal im Hotel Ritz.
Während der letzten Jahre seines Lebens wurde Proust Stammgast in dem Hotel an der Place Vendôme, das von César Ritz gegründet worden war. Der Maître d'hôtel Olivier Dabescat servierte ihm das Essen in einem kleinen Nebenzimmer oder kümmerte sich um große Diners mit Freunden. Der Taxi-Chauffeur Odilon Albaret durfte auch mitten in der Nacht die Küche des Ritz betreten, um für Marcel Proust eiskaltes Bier zu holen.

Ich habe schon davon gesprochen, wie genau er sich an den Rinderschmorbraten von Félicie erinnerte:
»Ach, Céleste«, sagte er. »Kalt! Kalt hatte ich ihn am liebsten, mit der Sülze und den kleinen Karotten …«
(…)
Es war auch die Rede von dem kleinen Schmortopf. Das erste Mal, als er ihn erwähnte, wußte ich gar nicht, was er damit meinte. Und er, der es wußte, weil er das Gericht gegessen hatte, war hinsichtlich des Rezepts ungefähr in derselben Lage.
»Ich kann es Ihnen nicht sehr gut erklären«, sagte er. »Ich glaube, da kommen ausgewählte Stücke Rindfleisch hinein und Hühnermägen und eine Menge anderer kleiner Dinge. Und das muß lange auf kleinem Feuer schmoren. Aber es schmeckt köstlich.«
Das habe ich manchmal bei Larue bestellt. Ich habe es ihm in der Schüssel gebracht, und er aß gleich daraus — nie vom Teller. Er pickte sich ein paar Stückchen heraus, aß aber nicht richtig. Zwei, drei Bissen, und fertig. (…)
Fleisch war sowieso nicht seine Stärke. Höchstens ein bißchen Huhn, aber auch das nur selten.
Aber auf Schollen, ja, darauf hatte er manchmal Appetit.
»Liebe Céleste, ich glaube, ich würde gerne eine gebratene Scholle essen. Wie lange, glauben Sie, wird es dauern, bis ich sie haben könnte, wenn es Ihnen nicht ungelegen kommt?«

»Aber sofort, Monsieur!«

»Das ist sehr freundlich von Ihnen, Céleste!«

Es gab ganz in der Nähe bei Félix Potin an der Place Saint-Augustin ein sehr gutes Fischgeschäft. Ich flitzte hin, ich rannte mit der Scholle zurück, ich briet sie und beeilte mich, sie ihm zu bringen, angerichtet auf einer großen Porzellanschüssel auf einer ganz sauberen, doppelt gefalteten Damastserviette, damit das Öl gut aufgesaugt werde, und mit einer halben Zitrone an den vier Zipfeln der Serviette — wie ich es bei Nicolas gesehen hatte.

Schollen waren ungefähr das einzige, bei dem er nichts übrigließ. Bei allem anderen war ihm, sobald die Schüssel vor ihm stand, im allgemeinen der Appetit vergangen; er hatte inzwischen an anderes gedacht. (...)

Abgesehen von dem kleinen Schmortopf, Huhn und Schollen habe ich ihn in acht Jahren an folgendem herumpicken sehen: einmal an Seebarben, zweimal an Stint, zweimal an Eiern und einige Male an italienischem Salat und Bratkartoffeln. Aber niemals habe ich ihn zum Beispiel auch nur einen Bissen Brot essen sehen. (...)

Die Seebarben mußten klein und aus Marseille sein, ich durfte sie nur in einem ganz bestimmten Geschäft kaufen — bei Prunier in der Nähe der Madeleine, denn er hatte mir gesagt, nirgends sonst in Paris seien sie so frisch, in der richtigen Größe und so saftig. Das war ihm in der Erinnerung geblieben, weil ihn sein Vater oft mitnahm, um dort mit ihm zu essen. Prunier hatte auch ein Restaurant, und zwar ein sehr gutes. (Céleste Albaret, Monsieur Proust)

Der kalte Rinderschmorbraten oder Bœuf mode, wie die Franzosen sagen, die Apotheose der kulinarischen Kenntnisse von Françoise, ist das Meisterwerk Félicie Fitaus im Dienst der Familie Proust am Boulevard Malesherbes und in der Rue de Courcelles. Am Boulevard Haussmann versucht sich Céline Cotin, die Frau von Prousts Kammerdiener Nicolas, mit viel Erfolg an dem Rezept, so daß sich Marcel Proust in einem Brief vom 12. Juli 1909 bedankt:

Céline,

Ich kann Ihnen nur die lebhaftesten Komplimente für Ihr wunderbares Bœuf mode machen. Ich wünschte mir, daß ich mit dem, was ich heute nacht mache, genausoviel Erfolg haben werde wie Sie, daß mein Stil genauso brillant, genauso klar, genauso solide sein wird wie Ihre Sülze — daß meine Ideen genauso wohlschmeckend sein werden wie Ihre Karotten und genauso

nahrhaft und frisch wie Ihr Fleisch. Den Abschluß meiner Arbeit abwartend, beglückwünsche ich Sie zu Ihrer Arbeit.

Als Marcel in *Combray* seine ersten literarischen Versuche unternahm und die Bücher seiner Lieblingsautoren verschlang, spürte er bereits folgende einzigartige Erkenntnis in sich aufkeimen: *Wenn ich nun einmal solche Sätze im Werk eines anderen fand (...), gab ich mich (...) mit Entzücken meiner Neigung für sie hin, so wie ein Koch, der einmal nicht selber kochen muß, endlich Zeit findet, Schlemmer zu sein. (In Swanns Welt).* Marcel Proust machte sich folglich zum Koch seines Buches, das, wie der Autor es in seinen Arbeitsheften geplant hatte, mit Françoises Rinderschmorbraten vergleichbar sein sollte: *Da im übrigen die Individualitäten (ob nun menschliche oder nicht) in einem Buch aus zahllosen Eindrücken bestehen, die, von vielen jungen Mädchen, von vielen Kirchen, von vielen Sonaten her entnommen, dazu dienen, eine einzige Sonate, eine einzige Kirche, ein einziges junges Mädchen zu bilden: würde ich da nicht auch mein Buch auf die Art herstellen, wie Françoise ihr von Monsieur de Norpois so sehr geschätztes gedämpftes Rindfleisch bereitete, bei dem so viele sorgfältig ausgewählte Fleischstücke hinzugefügt wurden, um die »Galantine« zu bereichern? (Die wiedergefundene Zeit)*

Françoises Schmorbraten wird als wahrhaftes Meisterwerk zubereitet und beschrieben; die Köchin ist in den Augen des jungen Mannes und späteren Schrift-

»Wie? Auch noch ein Pudding à la Nesselrode! Eine Kur in Karlsbad wird das mindeste sein, was ich brauche, um mich von diesem lukullischen Mahl wieder zu erholen ...«

stellers, der sich im Vergleich mit ihr als Lehrling empfindet, eine Schöpferin:

Françoise aber, glücklich hingegeben an die Kunst der Küche, für die sie zweifellos eine besondere Begabung besaß, im übrigen stimuliert durch die Aussicht auf einen neuen Gast und mit der Tatsache bekannt, daß sie nach nur von ihr beherrschten Methoden ein Bœuf à la gélee zubereiten sollte, lebte bereits (…) in einer Art von schöpferischem Rausch (…).

Wenn nun (…) das Los von Françoise die glühende Unbeirrtheit der großen Schaffenden war, so bestand das meine in der quälenden Rastlosigkeit eines Suchenden. (Im Schatten junger Mädchenblüte)

Proust vergleicht die einkaufende Köchin und deren Suche nach einwandfreien Grundstoffen, die entscheidend sind für die Qualität des Werkes, mit Michelangelo: *Da sie auf eine durch und durch einwandfreie Beschaffenheit der Grundstoffe, die bei der Erstellung ihrer Meisterwerke eine Rolle spielten, bedacht war, ging sie — so wie Michelangelo acht Monate in den Bergen von Carrara verbrachte, um die vollkommensten Marmorblöcke für das Grabmahl Julius' des Zweiten auszuwählen — selbst in die Hallen, um sich das saftigste Stück Rindsfilet, die vortrefflichsten Waadschinken und die besten Kalbsfüße zu beschaffen. Françoise legte bei diesen Gängen einen solchen Eifer an den Tag, daß Mama beim Anblick ihres glühenden Gesichts bereits fürchtete, unsere alte Dienerin könnte, wie der Schöpfer der Medicigräber in den Steinbrüchen von Pietrasanta, vor Überanstrengung einen Zusammenbruch erleben. (…)*

Das kalte Rindfleisch mit Karotten erschien, von unserem Küchen-Michelangelo auf enorme Geleekristalle gelagert, die aussahen wie Blöcke aus durchsichtigem Quarz.

Dieses *Bœuf à la gélee,* bei dem (…) *das Rindfleisch wirklich den Duft der Karotten angenommen hat* und das nur mit dem Werk eines weltweit anerkannten Künstlers verglichen werden kann, erhält allgemeines Lob: *Françoise nahm die Komplimente von Monsieur de Norpois' Seite mit dem schlichten Stolz, dem erfreuten und — für den Augenblick wenigstens — geistig lebendigen Blick entgegen, den ein Künstler hat, wenn man von seiner Kunst mit ihm spricht.*

Doch der *Künstler* behält die Geheimnisse seiner Kreation für sich:

»Schon gut«, meinte meine Mutter, »doch wie erklären Sie sich, daß niemand die Rindfleischgalantine so

gut wie Ihnen gelingt (wenn Sie wollen)?« »Ich weiß auch nicht, warum es ›wird‹«, antwortete Françoise (die dieses Wort im absoluten, prägnanten Sinne verwendete). Im übrigen war, was sie sagte, wenigstens teilweise wahr; sie war fast ebenso unfähig — oder ungewillt —, das Geheimnis zu enthüllen, das die Einzigartigkeit ihrer Gelees oder Cremes ausmachte, wie es eine elegante Frau für ihre Toiletten oder eine große Sängerin für ihren Gesang zu tun bereit ist. Ihre Erklärungen sagten uns nicht viel.*

Nur indirekt gibt sie eines ihrer Geheimnisse preis, als sie ihr Bœuf mode mit dem großer Restaurants vergleicht:

»Die kochen alles viel zu fix (…) und dann nicht alles zusammen. Das Rindfleisch muß wie ein Schwamm werden, dann trinkt es die Brühe in sich hinein.« (Im Schatten junger Mädchenblüte)

Der Koch Marcel Proust beweist, daß für das Bœuf mode wie für seinen Roman die Zeit das Geheimnis der Kreation, die unerläßliche Zutat der Küche und der Kunst ist.

Einen anderen kulinarischen Vergleich benutzend, sieht sich der Schriftsteller als Bäcker, der nicht davor zurückscheut, den *Teig selbst durchzukneten;* in einer der Skizzen zu *Die wiedergefundene Zeit* spricht er von einem Teig, den man ausrollt, als wolle man einen Kuchen backen.

Auf die Frage eines Journalisten von *L'Intransigeant,* welches Handwerk er am liebsten ausüben wol-

DINER BEI MONSIEUR UND MADAME PROUST

Kaltes Rindfleisch in Aspik

York-Schinken, gebacken

Ananas- und Trüffel-Salat

Pudding à la Nesselrode

le, antwortet er in einem Brief, der am 3. August 1920 veröffentlicht wird:

Monsieur,

Sie machen zwischen handwerklichen und geistigen Berufen einen Unterschied; dem kann ich nicht folgen. Der Geist lenkt die Hand.

Unser alter Chardin sagte (besser): Wir malen nicht nur mit unseren Fingern, sondern auch mit dem Herzen. Und Leonardo da Vinci bezeichnete die Malerei als cosa mentale. Unter den körperlichen Betätigungen trifft dies auch auf die Liebe zu. Aus diesem Grund ist sie zuweilen auch so ermüdend. Gestehen Sie mir bitte diese Zusammenarbeit zwischen Hand und Kopf zu; in diesem Fall wähle ich den handwerklichen Beruf, den ich im Augenblick ausübe, Schriftsteller. Und wenn es absolut kein Papier gäbe, dann, glaube ich, würde ich Bäcker werden. Es ist ehrbar, den Menschen ihr tägliches Brot zu backen.

In einer Studie zu *Romain Rolland* notiert *Marcel Proust: Nicht vergessen: Bücher sind das Werk der Einsamkeit und Kinder der Stille.* Dieser subtile Koch der Träume, der Wörter und der Zeit destilliert in der Alchimie seines Werkes die *Tropfen des Lichts*, die *transparente Substanz unserer besten Minuten.* Er weiß, daß *die Materie unserer Bücher, die Substanz unserer Sätze unsterblich sein sollten …* Die Substanz von Marcel Prousts Roman spiegelt, transparent wie die Galantine von Françoise, jedem Leser die Bilder seiner selbst wieder, die er auf dem Grund seines eigenen Gedächtnisses erkennen möchte.

Das in die Zukunft gerichtete und in fast allen Teilen »genießbare« Werk enthält wie Manets skandalöses, revolutionäres Picknick die Botschaft der Bescheidenheit, die von der Köchin gelehrt wird und die jedes echte Meisterwerk enthält. *Ich (…) behaupte, das grausame Gesetz der Kunst besteht darin, daß die Wesen sterben und daß wir selbst sterben und dabei alle Leiden bis auf den Grund ausschöpfen, damit das Gras nicht des Vergessens, sondern des ewigen Lebens sprießt, der derbe, harte Rasen fruchtbarer Werke, auf dem künftige Generationen heiter, ohne Sorge um die, die darunter schlafen, ihr »Frühstück im Freien« abhalten werden.* (Die wiedergefundene Zeit)

Professor Adrien Proust (1834-1903), am 20. November 1886 von Paul Nadar photographiert.

Madame Adrien Proust, geborene Jeanne Weil (1849-1905), von Paul Nadar am 5. Dezember 1904 photographiert.

DIE REZEPTE

XLVIII

Prière du Cuisinier

Habile à préparer d'ardentes victuailles,
Des vivres savoureux et d'exquises douceurs,
A décorer d'œillets des saumons et des cailles,
Comme à teindre un coulis d'alléchantes rousseurs ;

D'oiseaux ayant parlé j'ai cuisiné les langues
Pour des Apicius et des Trimalcions ;
J'ai fait frire un sorbet et confire des mangues
Et dans l'eau de la mer bouilli des alcyons.

Pour ce savoir profond, aride et délectable
Qui décuple et varie à l'infini la faim,
Vous daignerez, Seigneur, m'admettre à votre table
Où ma science aspire à rompre un peu de pain !

Robert de Montesquiou, »Prière de tous, Huit dizains d'un chapelet rythmique«, illustriert von Madeleine Lemaire, Maison du Livre, Paris, 1902.
Graf Robert de Montesquiou (1855-1921), der mondäne Ästhet, faszinierte den jungen Marcel Proust. Ihre Beziehung lief nicht ohne Zerwürfnisse ab.

VORSPEISEN

»Gut, aber um zum Ende zu kommen«, sagte der Herzog, »Zénaide wollte absolut, daß Oriane zum Déjeuner käme; da aber meine Frau nicht gern zu anderen geht, sträubte sie sich zunächst (…).« »Komm doch, du mußt kommen«, drang Zénaide in sie und rühmte dabei die guten Sachen, die es geben würde. »Du bekommst ein Kastanienpüree, weiter sage ich nichts, und dann sind sieben kleine Bouchées à la reine vorgesehen.« »Sieben Bouchées«, rief Oriane, »dann sind wir mindestens acht!«
(Die Welt der Guermantes)

Königinpastetchen

Bouchées à la reine

ZUTATEN: 130 g gekochtes Poulardenfleisch, $^1/_2$ l Poularden- oder Geflügelbrühe, 300 g Champignons, 150 g Kalbsbries, 1 Kalbshirn, 30 g + 2 EL Butter, 30 g Mehl, 1,5 dl saure Sahne, 1 Ei, 1 Zitrone, grobes Salz, feines Salz, 200 g Blätterteig (tiefgefroren oder vom Bäcker).

Das Kalbshirn mindestens 2 Stunden kalt wässern. Den Ofen auf 180°C vorheizen. Mit Hilfe eines Ausstechers oder eines umgedrehten Glases aus dem auf 5 mm Dicke ausgerollten Blätterteig Scheiben von 9 cm Durchmesser ausstechen.

Die Scheiben mit 1 cm Abstand auf ein gebuttertes Backblech legen, mit einem Pinsel mit Eigelb bestreichen. Die Ränder dürfen dabei nicht bestrichen werden, da sonst der Blätterteig nicht aufgeht. Mit einem kleineren Ausstecher von ca. 3 cm Durchmesser in der Mitte der Teigplätzchen einen Kreis markieren, den späteren Deckel der Königinpastete (den Kreis mit dem Ausstecher nur leicht markieren). 15 Minuten backen. Aus dem Ofen nehmen, mit einem spitzen Küchenmesser die Dek-

kel ausschneiden und mit einem Löffel die Pasteten vorsichtig aushöhlen.

In einer Kasserolle mit dickem Boden 30 g Butter erhitzen, das Mehl hinzugeben und mit einem Schneebesen gut verrühren. 5 Minuten anschwitzen lassen, dann mit der Poulardenbrühe auffüllen. Weitere 10 Minuten köcheln lassen. Die Sahne unterrühren und nochmals 10 Minuten köcheln lassen. Abschmecken. Die Champignons putzen, waschen und mit einem sauberen Tuch trockentupfen. Größere Exemplare klein schneiden. 1 EL Butter in einer Pfanne zerlassen; sobald sie heiß ist, die Champignons hinzugeben und mit dem Saft einer halben Zitrone beträufeln.

Wenn sie gar sind, herausnehmen, abtropfen lassen, dabei die Flüssigkeit auffangen und mit der Mehlschwitze verrühren.

Das Kalbsbries blanchieren: in frisches, kaltes Wasser geben, zum Kochen bringen, 2 bis 3 Minuten leise köcheln lassen, dann unter fließendem, kaltem Wasser auskühlen. Die Haut abziehen, knorpelige und fette Teile entfernen, das Bries in kleine Stücke schneiden. Das Kalbshirn reinigen: Die Haut, die das Hirn einhüllt, und die blutigen Fasern entfernen, anschließend das Hirn in einen Topf mit kaltem Salzwasser geben. Zum Kochen bringen, 2 Minuten leise köcheln lassen. Das Hirn herausnehmen, abtropfen lassen und in kleine Stücke schneiden. Die Haut von der Poularde abziehen und das Fleisch würfeln.

Die Champignons, das Kalbsbries, das Kalbshirn und die Poulardenwürfel vorsichtig mit der cremigen Sauce vermengen. Abschmecken. 5 Minuten leicht köcheln lassen.

Falls die Farce zu flüssig ist, vom Feuer nehmen und mit einem Eigelb binden. Nicht wieder auf den Herd stellen, weil das Eigelb sonst gerinnt.

Die Pasteten aufwärmen, auf Teller geben, mit der Farce füllen, den Deckel daraufsetzen und sofort servieren.

»(...) als wir in den goldenen Fluten des Rühreis die kleine, unsichtbare Flotte aus Speckstückchen entdeckten (...).«

Wir setzten uns, und jeder breitete auf seinen Knien eine weiße Serviette aus, die so unschuldig war wie die Freude, die in allen Augen leuchtete und die noch verstärkt wurde, als wir in den goldenen Fluten des Rühreis die kleine, unscheinbare Flotte aus Speckstückchen entdeckten, von denen ein Teil bereits eingesunken war und zu deren Rettung sich jeder in Kürze bereit erklären würde. (Jean Santeuil)

Rühreier mit Speck

Œufs brouillés au lard

ZUTATEN: 200 g geräucherter, mild gesalzener Bauchspeck, 12 frische Eier, 30 g Butter, 1 TL gehackte glattblättrige Petersilie, 1 TL Erdnußöl, 1 EL saure Sahne + 1 EL Crème fraîche, gut miteinander verrührt (nach Belieben).

Den Speck würfeln und blanchieren: in einen Topf mit kaltem Wasser geben, zum Kochen bringen, unter flie-

ßendem, kaltem Wasser auskühlen, kurz ruhen lassen, die Speckwürfel herausnehmen, mit einem sauberen Tuch trockentupfen, beiseite stellen.

Die Eier in eine Schüssel aufschlagen und mit einer Gabel gut verrühren.

Das Öl in einer Pfanne erhitzen. Sobald es raucht, die Speckwürfel hinzugeben und knusprig werden lassen. Dabei ständig mit einem Holzlöffel umrühren. Sobald sie fertig sind, aus der Pfanne nehmen und auf Küchenkrepp abtropfen lassen.

In einer Pfanne oder breiten Kasserolle bei mäßigem Feuer 10 g Butter zerlassen. Die gut verrührten Eier und die Speckwürfel hineingeben. Bei leichter Hitze unter ständigem Rühren garen. Sobald die Rühreier cremig sind, vom Herd nehmen, aber gelegentlich weiter umrühren, da sie weiter garen. Werden die Rühreier zu fest, 2 EL saure Sahne unterrühren.

Die restliche Butter in kleine Stücke schneiden und unter die Eier ziehen. Die Rühreier in vier kleine Schälchen füllen, mit gehackter Petersilie bestreuen und sofort servieren.

Dazu passen geröstete Weißbrotwürfel.

Dennoch tat es wohl, wenn man zu frieren und Hunger zu verspüren begann, durch das Dorf wieder heimzukehren, hinter den Parkbäumen schon die Lampen im Salon und im Eßzimmer schimmern zu sehen, sich in der Phantasie bereits die Genüsse auszumalen, die einen erwarteten und denen man sich dort zwei Minuten später bereits widmen könnte, und in Gedanken schon unter der Lampe bei der warmen Suppe zu sitzen, die einem aufgetan und die man sich schmecken lassen würde. (Jean Santeuil)

Kohlsuppe mit Speckwürfeln

Soupe aux choux et petits lardons

ZUTATEN: 1 großer Wirsing, 150 g geräucherter Speck, 30 g Butter, 2 Knoblauchzehen, 1 Bouillonwürfel (¹/₂ l), grobes Salz, Pfeffer.

Die äußeren Blätter des Kohls entfernen, den Kopf halbieren, den Strunk und die starken Rippen entfernen, den Kohl in 3 cm breite Stücke schneiden. In reichlich essighaltigem Wasser waschen (1 EL Essig auf 1 l Wasser), abtropfen lassen. Den Knoblauch schälen und hacken. Den Speck würfeln.

In einem schweren Topf die Butter zerlassen, bei milder Hitze den gehackten Knoblauch anschwitzen lassen (er darf keine Farbe annehmen), dabei ständig mit einem Holzlöffel umrühren. Den Speck hinzugeben und 2 Minuten unter ständigem Rühren leicht braten. Den Kohl und den Bouillonwürfel in den Topf geben und mit 1¹/₂ l kaltem Wasser auffüllen. 45 Minuten sanft köcheln lassen (notfalls eine Platte aus Metall zwischen Topf und Feuerstelle geben). Mit grobem Salz und Pfeffer abschmecken. Eine Suppenschüssel vorwärmen und die Suppe hineinfüllen.

Dazu passen frisch geröstete Weißbrotwürfel.

... Ich kenne nicht viele Stätten, an denen ein schlichter Kartoffelsalat, in dieser Art aus Kartoffeln zubereitet, die die Härte japanischer Elfenbeinkugeln und die Patina jener kleinen Elfenbeinlöffelchen vereinen, mit denen die Chinesinnen Wasser auf den Fisch gießen, den sie gefangen haben, auf den Tisch gebracht wird. (Die wiedergefundene Zeit)

Kartoffelsalat

Salade de pommes de terre

ZUTATEN: 800 g festkochende Kartoffeln (z. B. Sieglinde), grobes Salz. ZUTATEN FÜR DIE CREMESAUCE: 2 EL Crème double, 1 TL Senf, 1 TL Weinessig, Salz, Pfeffer. ZUTATEN FÜR DIE VINAIGRETTE: 4 EL Erdnußöl, 1 EL Weinessig, 1 EL feingehackte Kräuter (glattblättrige Petersilie, Kerbel und Estragon). ZUTATEN FÜR DIE COCKTAILSAUCE: 2 Eigelb, 0,8 dl Erdnußöl, 1 TL Senf, 1 EL Tomatenketchup, 1 TL Cognac, Salz, Pfeffer.

Die Kartoffeln in der Schale gut zwanzig Minuten kochen, abgießen und noch heiß die Haut abziehen. In 5 mm dicke Scheiben schneiden.

Die Zutaten der Sauce Ihrer Wahl miteinander vermengen und über die Kartoffeln gießen. Nicht mit einem Salatbesteck umrühren (dabei laufen Sie Gefahr, die Kartoffeln zu zermanschen), sondern die Sauce unterziehen, indem man die Salatschüssel mit beiden Händen leicht schüttelt. Die Kartoffeln dürfen nicht zerfallen. Warm auftragen.

Wir durften das Omelett oder das Beefsteak mit Kartoffeln bereits zu einem Zeitpunkt essen, an dem wir sonst noch eine Stunde hätten geduldig warten müssen. (In Swanns Welt, Skizze XLIX)

Omelett mit Champignons, Spargel und Schnittlauch

Omelette aux champignons, asperges et ciboulette

ZUTATEN: 10 Eier, 100 g Butter, 200 g Champignons, 12 dicke grüne Spargel, 3 EL Schnittlauch, Salz, Pfeffer.

Den Spargel schälen und das holzige Ende entfernen. Unter fließendem Wasser waschen und sofort in kochendes Wasser geben. Nach 8 bis 10 Minuten (je nach Größe) unter kaltem Wasser abschrecken. Auf diese Weise behalten die Spargel ihre schöne grüne Farbe.

Die Stiele der Champignons entfernen. Die Köpfe waschen, in feine Scheiben schneiden und mit einem sauberen Tuch trockentupfen. 40 g Butter in einer Pfanne erhitzen, die Champignons hineingeben und bei starker Hitze bräunen. Vom Feuer nehmen.

Die Champignons aus der Pfanne nehmen, diese mit Küchenkrepp auswischen, wieder auf den Herd stellen und 40 g Butter darin zerlassen. Die Spargel in die heiße Butter geben und, sobald sie Farbe angenommen haben, herausnehmen. Die Spargelspitzen warm stellen, den Rest in sehr feine Scheiben schneiden.

Die Eier in eine Schüssel aufschlagen. Salzen, pfeffern und mit einer Gabel verquirlen. Die Champignons und die Spargelscheiben hinzugeben.

Die restliche Butter in einer Pfanne heiß werden lassen, ohne daß sie Farbe annimmt. Die Eimasse hineingeben. Mit einer Gabel vom Rand her die stockenden Eier lösen und in die Mitte schieben. Diesen Vorgang so lange wiederholen, bis die gewünschte Festigkeit des Omeletts erreicht ist. Das Omelett zusammenklappen oder -rollen, auf einer vorgewärmten Platte anrichten und mit den Spargelspitzen garnieren.

… »*Künftig will ich zu Tisch nur noch Sachen, die ausgerufen werden. Das ist wirklich zu amüsant. Und dabei müssen wir noch acht Monate warten, bis wir endlich hören:* ›Haricots verts et tendres haricots, v'là haricot vert!‹ *Wie gut das gesagt ist: zarte Bohnen! Ich mag sie gern, wenn es ganz, ganz dünne sind, die von Essigsauce triefen; man hat dann gar nicht das Gefühl, daß man sie ißt, sondern sie sind so leicht und so frisch wie Tau.*« (Die Gefangene)

Bohnensalat

Salade de haricots verts

ZUTATEN: 600 g feine, frische grüne Bohnen, 50 g gehackte Schalotten, 170 g reife, feste Tomaten, einige schöne Salatblätter (nach Belieben), grobes Salz. ZUTATEN FÜR DIE VINAIGRETTE: 6 EL Olivenöl, 1 EL Weinessig, 1 EL Senf, ½ Zitrone, 1 EL gehackte glattblättrige Petersilie, ½ EL gehackten Kerbel, Salz, Pfeffer.

Die Bohnen putzen und in reichlich kochendem Salzwasser je nach Größe 8 bis 12 Minuten garen, dabei den Topf nicht zudecken, damit die Bohnen ihre grüne Farbe bewahren. Sobald sie gar sind, abgießen, mit kaltem Wasser abschrecken und so den Garvorgang unterbrechen, abtropfen lassen.

Mit den angegebenen Zutaten die Vinaigrette zubereiten. Die Tomaten waschen, die Haut abziehen, die Kerne entfernen und das feste Fruchtfleisch in Würfel schneiden. Die Schalotten und die Petersilie hacken, den Kerbel mit der Küchenschere klein schneiden (auf diese Weise bleibt das Aroma erhalten). Alles (außer den Salatblättern) mit der Vinaigrette vermischen.

Die Salatschüssel mit den gewaschenen und abgetropften Salatblättern auslegen, darauf den Bohnensalat verteilen (oder auf Portionstellern anrichten). Kalt oder lauwarm servieren.

»Es ist doch kein japanischer Salat?« warf sie, zu Odette gewendet, mit halblauter Stimme ein. (In Swanns Welt)

Annette: Sie kochen die Kartoffeln in Bouillon, schneiden sie in Scheiben wie für einen gewöhnlichen Kartoffelsalat und schmecken ihn, noch während er warm ist, mit Salz und Pfeffer, ausgezeichnetem, fruchtig schmeckendem Olivenöl, Senf …

Henri: Estragonsenf?

Annette: Sie nehmen besser Essig aus Orléans; doch das ist nicht so wichtig. Wichtiger ist das halbe Glas Château Yquem, falls irgend möglich. Viel feingehackte Kräuter. Kochen Sie gleichzeitig in einer Court-bouillon, der Sie eine Stange Sellerie beigefügt haben, große Muscheln. Lösen Sie die Muscheln aus und geben Sie sie zu den bereits abgeschmeckten Kartoffeln. Rühren Sie vorsichtig um. (…) Wenn der Salat fertig ist, rühren Sie noch einmal um.

Henri: Vorsichtig …

Annette: Bedecken Sie den Salat mit Trüffelscheiben, bis er an die Kalotte eines Gelehrten erinnert.

Henri: Die Trüffel kocht man in Champagner …

Annette: Das versteht sich von selbst. Den Salat bereiten Sie zwei Stunden vor dem Abendessen zu, damit er schön kalt ist, wenn er aufgetragen wird.
(Alexandre Dumas, Francillon, 1. Akt)

Japanischer Salat

Salade japonaise

ZUTATEN: 800 g kleine, festkochende Kartoffeln, 500 g Muscheln, 200 g Artischockenböden oder Topinamburs, $\frac{1}{2}$ Glas lieblicher Weißwein (z.B. Sauternes), 1 Stange Sellerie, grobes Salz, 5 g gehackte Trüffeln (nach Belieben). ZUTATEN FÜR DIE VINAIGRETTE: 5 EL Olivenöl, 2 EL Weinessig, 1 EL gehackte glattblättrige Petersilie, 1 EL gehackter Schnittlauch, 1 EL gehackter Kerbel, Salz, Pfeffer.

Die Kartoffeln waschen und ungeschält in kaltem Salzwasser aufsetzen, zum Kochen bringen (nach ungefähr 20 Minuten mit Hilfe eines spitzen Messers überprüfen, ob sie gar sind). Wenn sie fertig sind, abgießen.

Die Muscheln gründlich säubern: allen Sand abkratzen, den Bart entfernen (die bereits offenen Muscheln wegwerfen) und unter fließendem Wasser gründlich waschen (auf keinen Fall zum Waschen in Wasser legen). Mit dem Weißwein und der Stange Sellerie in eine breite Kasserolle geben und zudecken. Von Zeit zu Zeit umrühren. Sobald sich die Muscheln geöffnet haben, vom Feuer nehmen, den Deckel abnehmen und etwas abkühlen lassen. Das Fleisch aus den Schalen lösen, den Sud aufbewahren. Mit den angegebenen Zutaten die Vinaigrette zubereiten und dieser 2 EL Sud zufügen.

Die Artischockenböden in Würfel schneiden bzw. die Topinamburs waschen, garen und in Würfel schneiden.

Die Kartoffeln schälen und in 5 mm dicke Scheiben schneiden. Topinamburs bzw. Artischockenböden und Muscheln in einer Schüssel vorsichtig miteinander vermengen. Vinaigrette untermischen.

Den Salat auf vier Teller verteilen, als Dekoration einige Kartoffelscheiben darübergeben. Nach Belieben mit gehackten Trüffeln bestreuen. Lauwarm oder kalt servieren.

Eier in Förmchen

Œufs cocotte

ZUTATEN: 8 frische Eier, 0,4 l leichte Sahne, Salz, weißer Pfeffer.

Den Ofen auf 150°C vorheizen. Die feuerfesten Förmchen ausbuttern, mit Salz und Pfeffer bestreuen. In jedes Förmchen vorsichtig zwei Eier schlagen (die Eigelb dürfen nicht verletzt werden), die Förmchen in eine feuerfeste Schale stellen, die Schale bis auf halbe Höhe der Förmchen mit heißem Wasser auffüllen, in den vorgeheizten Ofen schieben. Nach 2 Minuten die Förmchen abdecken, nach 6 Minuten aus dem Ofen nehmen (aufgrund der heißen Förmchen garen die Eier während des Auftragens weiter). Das Eiweiß soll am Ende fest sein, das Eigelb aber noch flüssig.

Während die Eier im Ofen sind, die Sahne um die Hälfte einkochen lassen, bis sie dick wird und einen Holzlöffel überzieht, mit Salz und Pfeffer abschmecken.

Sobald die Eier aus dem Ofen kommen, mit etwas Sahne überziehen und sofort servieren.

... Jean, der in Gedanken bereits ganz und gar bei den Eiern und dem Filet mit Béarnaisesauce war, fühlte nicht mehr die Kraft in sich, noch länger auf diese Genüsse zu warten, sondern hatte das Empfinden, daß nunmehr der samtige Kopf der violetten Iris über dem Wasser und der balsamische Duft der syrischen Rosen an den Ecken der Alleen seinem durch die Morgenarbeit, die inzwischen vergangenen Stunden und die wachsende Begierde gereizten Gaumen nur eine zu geringe Befriedigung schenkten. (Jean Santeuil)

»Einen Chardin betrachtend, könnte man sich sagen: Das ist intim, behaglich und lebendig wie eine Küche; sich in einer Küche aufhaltend, könnte man sich sagen: Merkwürdig, hier ist alles so groß und schön wie bei Chardin.«
Jean-Baptiste Chardin, Ein Pokal mit Oliven, Musée du Louvre, Paris.

Den Salat auf vier Tellern anrichten. Die Sardellenfilets darüberlegen und abwechselnd mit Tomaten- und Eiervierteln umlegen.

Diese kleine Gruppe im Hotel von Balbec begegnete jedem Neuankömmling mit mißtrauischen Blicken, und während alle so taten, als interessierten sie sich gar nicht für ihn, fragten sie doch ihren Freund, den Oberkellner, nach ihm. (…) und da ihre Gattinnen wußten, daß seine Frau ein Baby erwartete, arbeiteten sie nach dem Essen alle an einem Stück Erstlingswäsche, während sie uns mit ihren Lorgnons musterten, meine Großmutter und mich, weil wir den Salat mit harten Eiern darin aßen, was für unfein galt und in den ersten Kreisen von Alençon nicht üblich war. (Im Schatten junger Mädchenblüte)

Eiersalat mit Tomaten, Sardellen und Thunfisch

Salade aux œufs durs, tomates, anchois, thon

ZUTATEN: 6 frische Eier, 4 mittelgroße reife Tomaten, 250 g Thunfisch in eigenem Saft, 8 Sardellenfilets, 80 g gehackte Schalotten, 1 kleiner Bund Schnittlauch, 2 EL glattblättrige Petersilie, 120 g Feldsalat, 1 Kopf Endiviensalat (nur die zarten Blätter). ZUTATEN FÜR DIE VINAIGRETTE: 6 EL Erdnußöl, 2 EL Weinessig, 1 TL Senf, Salz, Pfeffer.

Leicht essighaltiges Wasser zum Kochen bringen, mit einem Schaumlöffel die Eier hineingeben, Wasser nochmals aufkochen lassen und Eier je nach Größe 8 bis 10 Minuten pochieren.

Den Stielansatz der Tomaten entfernen, die Tomaten in kochendes Wasser geben, abschrecken und die Haut abziehen. In sechs Teile schneiden, die Kerne entfernen.

Mit den angegebenen Zutaten die Vinaigrette zubereiten. Den Feldsalat verlesen und waschen. Die Petersilie waschen, trockenschütteln und hacken. Die Schalotten und den Schnittlauch hacken. Salat, Petersilie, Schalotten und Schnittlauch mit dem zerpflückten Thunfisch und der Vinaigrette vermengen. Die Eier schälen und vierteln.

»Der Herr Botschafter«, sagte meine Mutter zu ihr, »meint, daß man das Bœuf à la gelée und das Soufflé nirgends wie hier bei uns bekommt.« Françoise gestand das mit bescheidener Miene und um der Wahrheit die Ehre zu geben zu, ohne daß ihr übrigens der Titel eines Botschafters besonders imponiert hätte; mit der Liebenswürdigkeit, die sie jemandem schuldete, der sie für einen »Küchenchef« gehalten hatte, sagte sie von Monsieur de Norpois: »Das ist auch noch einer aus der guten alten Zeit wie ich.« (Im Schatten junger Mädchenblüte)

Käse-Soufflé

Soufflé au fromage

ZUTATEN: 20 g + 1 EL Mehl, 20 g + 1 EL Butter, 0,2 l Milch, 0,5 dl Crème fraîche, 100 g geriebener Gruyère, 5 Eier, Muskat, Salz, Pfeffer.

Den Ofen auf 200°C vorheizen. In einer Kasserolle die Milch, die Sahne und ein wenig geriebenen Muskat zum Kochen bringen.

In einer zweiten Kasserolle 20 g Butter zerlassen, 20 g Mehl einstreuen, mit einem Holzlöffel umrühren und 4 bis 5 Minuten bei milder Hitze unter ständigem Rühren anschwitzen lassen. Nach und nach die kochendheiße Milch über die Mehlschwitze gießen und 4 Minuten unter ständigem Rühren köcheln lassen. Vom Feuer nehmen, nacheinander 3 Eigelb unterziehen, dabei ständig weiterrühren. Mit Salz und Pfeffer abschmecken und in eine Schüssel gießen.

Eine Soufflé-Form von 14 cm Durchmesser ausbuttern und anschließend die Wände mit Mehl bestäuben (dabei die Form hin und her wenden). 5 Eiweiß mit einer Messerspitze Salz steif schlagen, vorsichtig und in kleinen Mengen unter die erkaltende Milchmasse ziehen (die Masse eher anheben als umrühren). Kurz vor der letzten Portion Eiweiß den geriebenen Käse unterziehen.

Die Soufflé-Form mit der Masse füllen. Glattstreichen, in den Ofen schieben und etwa 15 Minuten garen lassen. Sofort servieren.

»Ich blieb an einem Tisch stehen, an welchem das Küchenmädchen grüne Erbsen enthülst und dann in abgezählten Häufchen aufgereiht hatte wie kleine grüne Kugeln für ein Spiel.«

FISCH E

»Aber wir glauben gar nicht, daß Sie über-treiben, wir möchten nur, daß Sie essen und daß mein Mann ebenfalls ißt; reichen Sie Monsieur noch einmal die Seezunge. Sie sehen doch, daß der Fisch auf seinem Teller kalt geworden ist. Wir haben gar keine Eile. Sie servieren ja, als ob es brennt, warten Sie doch etwas, bevor Sie den Salat anbieten.« (In Swanns Welt)

Seezunge auf normannische Art

Soles à la normande

ZUTATEN: 2 Seezungen à 250 g, 500 g Muscheln, 12 Au-stern, 120 g Garnelen ohne Schale, 160 g Stint, 50 g Semmelbrösel, 12 Champignons, 50 g gehackte Schalot-ten, 5 EL Calvados, 0,2 l saure Sahne, 0,1 l Crème fraîche, 30 g Butter, 1 Zitrone, Salz, Pfeffer, 2 Eier (nach Belieben), Öl zum Ausbacken (am besten Traubenkern-öl). ZUTATEN FÜR DEN FISCHSUD: 500 g Gräten (Merlan oder Seezunge), 50 g Zwiebeln, 50 g Karotten, ½ l trok-kener Weißwein, 1 EL Olivenöl, 1 Bouquet garni aus Lorbeer, Thymian, Petersilie, Stangensellerie.

Bitten Sie Ihren Fischhändler, die Seezungen und Stinte auszunehmen.

Zum Fischsud: Bitten Sie Ihren Fischhändler, Ihnen die Gräten mitzugeben. Falls Sie auch Gräten vom Mer-lan verwenden, diese mehrere Stunden in kaltes Wasser legen. Die Zwiebeln und Karotten schälen und klein-schneiden.

Das Olivenöl in einem Topf erhitzen. Sobald es heiß ist, Karotten- und Zwiebelwürfel darin anschwitzen, 5 Minuten leise dünsten, dabei nicht zudecken. Die Gräten hinzugeben, 4 bis 5 Minuten Farbe annehmen lassen, dann mit dem Weißwein ablöschen. Leicht einkochen lassen, mit ½ l Wasser auffüllen, das Bouquet garni hin-zugeben. Zum Kochen bringen, die Hitze reduzieren und

40 Minuten leise köcheln lassen. Dabei ab und zu den aufsteigenden Schaum abschöpfen. Den Sud durch ein feines Sieb abgießen.

Die Schalotten schälen und kleinschneiden. Die Champignons waschen, in einem sauberen Tuch trok-kentupfen, vierteln und in 10 g heißer Butter anbraten. Den Saft von ¼ Zitrone zufügen, nach dem Garen abgie-ßen, dabei den Saft auffangen. Die Austern öffnen, den Saft auffangen. Die Muscheln gründlich säubern und in der Kasserolle erhitzen (siehe Rezept japanischer Salat), nach dem Öffnen aus der Schale lösen, den beim Kochen ausgetretenen Saft aufbewahren.

Den Ofen auf 200°C vorheizen. Die Fische salzen und pfeffern. In einer großen, hohen Pfanne den Rest der But-ter zerlassen, die Schalotten kurz anschwitzen lassen, dann die Seezungen hineingeben. Mit 3 bis 4 dl Fischsud auffüllen, zum Kochen bringen, zudecken und für 15 Mi-nuten in den Ofen schieben. Die Seezungen anschließend warm stellen.

Den Fischsud in einer Kasserolle einkochen lassen. Das Austernwasser, 1 Glas Muschelsud und den Cham-pignonsaft zugießen und um die Hälfte reduzieren. Die Sahne unterziehen und so lange köcheln lassen, bis sie leicht eindickt. Dabei ständig umrühren. Die Stinte in den Semmelbröseln wälzen und bei 180°C ausbacken. Abtropfen lassen. Sobald die Sauce die gewünschte Kon-sistenz hat, die Champignons, Muscheln, Garnelen und Austern hineingeben. Wieder erhitzen. Sollte die Sauce zu dünnflüssig sein, mit 2 verrührten Eigelb binden (der Fumet de poisson darf nun nicht mehr kochen).

Die Seezungen auf einer vorgewärmten Servierplatte anrichten und mit der Sauce überziehen. Die Stinte erst zum Schluß salzen und getrennt dazu reichen.

Als Beilage empfiehlt sich Reis.

Die Sonne brennt. Eine Brise kommt auf über dem See. Mein Boot ist bereit. Ich lasse Sie, um Forellen fischen zu gehen und mich vor dem Diner an der kühlen Luft zu erfrischen. Ich werde an Sie denken während dieser köstlichen Augenblicke. (Fragmente eines Briefromans)

Forellen mit Mandeln

Truites aux amandes

ZUTATEN: 4 Forellen à 200 g, 100 g Butter, 50 g Mehl, 3 EL Erdnußöl, 1 Zitrone, 40 g gehackte Petersilie, 60 g Mandelblättchen, Salz, Pfeffer.

Bitten Sie Ihren Fischhändler, die Forellen auszunehmen.

Die Fische unter fließendem Wasser gründlich waschen, bis alles Blut entfernt ist. Mit einem sauberen Tuch trockentupfen.

In einer ausreichend bemessenen Pfanne das Öl und 40 g Butter erhitzen. Die Forellen mit Mehl bestäuben, überschüssiges Mehl abschütteln. Salzen und pfeffern. Sobald das Öl richtig heiß ist, die Forellen auf jeder Seite 5 Minuten braten, aus der Pfanne nehmen und auf einer vorgewärmten Platte anrichten.

Das Fett abgießen und die Pfanne mit Küchenkrepp auswischen. Die restliche Butter zerlassen und die Mandeln hineingeben. Unter Rühren die Farbe von Haselnüssen annehmen lassen, den Zitronensaft hinzufügen und alles über die Fische geben. Mit Petersilie bestreuen und servieren.

schneiden und in die Sauce einmontieren. Mit dem Apfelessig abschmecken.

Die Buttfilets im Ofen aufwärmen; damit sie nicht austrocknen, mit nassem Küchenkrepp bedecken. Die Filets auf vorgewärmten Tellern anrichten, mit der Sauce überziehen und mit gehacktem Schnittlauch bestreuen.

Die Buttfilets können mit kleinen Salzkartoffeln, Spargel, Krebsschwänzen oder Garnelen garniert werden.

Denn zu der ständigen Grundlage von Eiern, Koteletts, Kartoffeln, Eingemachtem, Biskuits, die sie uns gar nicht mehr ankündigte, fügte Françoise je nach dem Stand der Felder und Obstgärten, dem Ertrag der Fischerei und den Zufällen des Handelslebens, dem Entgegenkommen der Nachbarn und ihren eigenen Eingebungen (…) jeweils etwas hinzu: einen Butt, weil die Händlerin ihr garantiert hatte, daß er ganz frisch sei, einen Truthahn, weil sie einen schönen auf dem Markt von Roussainville-le-Pin gesehen hatte, Artischocken mit Mark, weil sie sie uns noch nie auf diese Weise zubereitet hatte …
(In Swanns Welt)

Butt-Filets in Cidre

Filets de barbue braisée au cidre

ZUTATEN: Ein Butt à ca. 2 kg, $^1/_2$ l Cidre, 100 g Champignons, 100 g Butter, 100 g Lauch (nur das Weiße), 50 g Schalotten, 5 grüne Äpfel, 1 TL Apfelessig, 1 EL gehackter Schnittlauch, Salz.

Bitten Sie Ihren Fischhändler, den Butt zu filetieren.

Die Champignons und den Lauch putzen, waschen, abtropfen lassen und kleinschneiden, die Schalotten schälen und hacken, die Äpfel ungeschält entsaften.

20 g Butter in einer Kasserolle zerlassen, die gehackten Gemüse hineingeben und etwas Farbe annehmen lassen. Den Cidre und den frisch gepreßten Apfelsaft zugießen und zum Kochen bringen. Die Filets hineingeben, salzen und zugedeckt bei milder Hitze 5 Minuten garen lassen. Den Ofen auf 200°C vorheizen.

Die Filets vorsichtig aus der Kasserolle nehmen und in eine feuerfeste Form geben; die Form auf die aufgeklappte Ofentür stellen.

Die Garflüssigkeit samt Gemüsen im Mixer fein pürieren und durch ein feinmaschiges Sieb gießen. Bei milder Hitze reduzieren, bis die Sauce eine cremige Konsistenz hat. Die restliche Butter in kleine Stücke

»Nun aber zum Menü. Als Vorgericht gibt es Rotbarbe. Nehmen wir die?«

»Ich ja, aber Ihnen ist das verboten. Nehmen Sie lieber Risotto statt dessen; sie machen ihn hier allerdings nicht sehr gut.«

»Das tut nichts. Kellner, bringen Sie zunächst Rotbarbe für Madame und Risotto für mich.« (Die Entflohene)

Gegrillte Rotbarbe

Rougets grillés

ZUTATEN: 4 Rotbarben à 200 g, 5 EL Olivenöl, 1 kleiner Bund Petersilie, Salz. ZUTATEN FÜR DIE GARNITURE NIÇOISE: 120 g reife Tomaten, 50 g Kapern, 50 g schwarze Oliven, 10 g Sardellen, 50 g gehackte Schalotten, 1 Knoblauchzehe, 1 Lorbeerblatt, 1 Thymianzweig, 1 EL gehackte glattblättrige Petersilie, 1 EL Olivenöl, Salz, Pfeffer.

Bitten Sie Ihren Fischhändler, die Filets auszulösen. Die kleinen Gräten mit Hilfe einer Pinzette entfernen.

Die Filets in ein Tuch wickeln und im Kühlschrank aufbewahren.

Die Garnitur herstellen: Die Tomaten vorbereiten und in Würfel schneiden. Die Oliven entsteinen. Kapern, Oliven und Sardellen zusammen hacken. Das Olivenöl erhitzen, die Schalotten darin anschwitzen lassen, das Gemisch aus Oliven, Kapern und Sardellen, den Knoblauch, den Lorbeer und den Thymian zugeben, salzen und pfeffern. Gut vermengen. 30 Minuten leise köcheln lassen. Den Knoblauch, den Thymian und das Lorbeerblatt entfernen. Die Garnitur warm stellen.

Den Grill auf höchster Stufe vorheizen. Den Backofen auf 200°C vorheizen. Die Fischfilets mit Olivenöl beträufeln, salzen und pfeffern. 1 Minute auf der Hautseite grillen, dann wenden und nochmals 1 Minute grillen. Die Filets in eine feuerfeste Form geben und bis zum Servieren in den Ofen schieben (höchstens 2 bis 3 Minuten).

Die Garnitur schnell auf vier vorgewärmte Teller verteilen, mit etwas Petersilie bestreuen, die Fischfilets darauf anrichten und mit etwas Olivenöl beträufeln.

*W*ir waren in die große Auffahrt von La Raspelière gelangt, wo Monsieur Verdurin uns auf der Freitreppe erwartete. »Ich sehe, ich habe gut daran getan, den Smoking anzuziehen«, sagte er, nachdem er mit Vergnügen festgestellt hatte, daß die Getreuen alle den ihren trugen, »wo ich doch heute so schicke Leute empfange.« Als ich mich selbst wegen meines Jackettanzuges entschuldigte, antwortete er mir: »Aber nicht doch, das ist ganz recht. Wir sind doch hier ganz unter uns. Ich würde Ihnen gerne meinen Smoking leihen, aber sicherlich würde er Ihnen nicht passen. (...) Los, los, mein guter Brichot, legen Sie schnell Ihre Sachen ab. Wir haben eine Bouillabaisse, die nicht warten kann.«* (Sodom und Gomorra)

Bouillabaisse

ZUTATEN: 2 kg Bouillabaisse-Fische (Drachenkopf, Knurrhahn, Seeteufel, Petersfisch etc.), 1 kg Meeraal, 2 Merlane, 250 g Muscheln, 0,8 dl Olivenöl, 250 g Zwiebeln, 4 Knoblauchzehen, ½ Stange Lauch (nur das Weiße), 1 Fenchelzweig, 1 Stange Sellerie, 2 große Tomaten, 1 EL gehackte glattblättrige Petersilie, 2 EL Pastis, 2 EL Olivenöl, 4 Messerspitzen Safran, 1 Messerspitze Bohnenkraut, ½ TL getrocknete Orangenschale, Salz, Pfeffer. ZUTATEN FÜR DIE ROUILLE: 80 g Weißbrot, 2 Eier, 2 große Knoblauchzehen, 300 g rote Paprika, 5 EL Olivenöl, Salz.

Bitten Sie Ihren Fischhändler, Ihnen die am Kopf befindlichen Stücke des Meeraals zu geben; die am Schwanz haben zu viele Gräten.

Alle Fische gründlich säubern, ausnehmen, schuppen und waschen. Die Muscheln säubern. Die Gemüse putzen und die Tomaten entkernen. Die Knoblauchzehen hacken.

In einem großen Topf Olivenöl heiß werden lassen, Zwiebeln, Lauch, Knoblauch, Sellerie, Fenchel, Tomaten und Petersilie darin andünsten, den in Stücke geschnittenen Meeraal und die Bouillabaisse-Fische hinzufügen. Alles gut vermischen und mit 3 l kochendem Wasser (oder Fischsud, falls Sie ihn vorrätig haben) auffüllen. Aufkochen lassen, Safran, Bohnenkraut und Orangenschalen hinzufügen. Nach 10 Minuten die Muscheln und die Merlane hineingeben und weitere 5 bis 7 Minuten kochen lassen.

Eine Minute vor Ende der Garzeit den Pastis und das Öl hinzufügen und gründlich mit der Bouillabaisse verrühren.

Zubereitung der Rouille: das Brot in Wasser einweichen, gut ausdrücken. Den Knoblauch schälen, halbieren und den grünen Trieb entfernen. Die Paprika waschen, trockentupfen und entkernen. Im Mixer Knoblauch und Paprika pürieren. Das Püree in eine große, tiefe Schüssel umfüllen. Das gut ausgedrückte Brot, die Eigelb sowie nach und nach wie bei einer Mayonnaise das Öl einarbeiten.

Die Sauce getrennt zur Bouillabaisse servieren. Nach Belieben können Sie außerdem Weißbrotwürfel dazu reichen.

In einer Pfanne Butter leicht braun werden lassen, Zitronensaft hinzufügen, salzen und über den Fisch gießen.

Über Ihnen hängt ein seltsames Ungetüm, frisch wie das Meer, in dessen Wellen es sich vor kurzem noch bewegte, ein Rochen, dessen Anblick den ungewöhnlichen Charme des ruhigen oder auch aufgewühlten Meeres mit den Freuden der Gourmandise verbindet und so die in einem Restaurant empfundene Lust mit einer Erinnerung an den Jardin des Plantes verbindet. Der Rochen ist offen; Sie können die Schönheit seiner delikaten, weiträumigen, von rotem Blut, blauen Nerven und weißem Muskelfleisch gefärbten Architektur bewundern, wie das vielfarbige Schiff einer Kathedrale. (Chardin et Rembrandt)

Rochen mit brauner Butter

Raie au beurre noir

ZUTATEN: 1½ kg Rochen, 800 g kleine, festkochende Kartoffeln, 100 g Butter, 10 g gehackte glattblättrige Petersilie, 1 Zweig Thymian, 1 Lorbeerblatt, 1 Zitrone, 3 EL Weinessig, grobes Salz, feines Salz.

Den Rochen in kaltes Wasser legen; anschließend unter fließendem kaltem Wasser den Schleim entfernen. Die Kartoffeln schälen und waschen, in einen Topf geben, mit kaltem Salzwasser auffüllen (10 g grobes Salz pro Liter). Die Kartoffeln zum Kochen bringen und 15 Minuten köcheln lassen. Sie sollten nicht zu gar sein. Bis zum Servieren den Topf zur Seite stellen.

Den Rochen in einen Topf geben, mit reichlich gesalzenem Wasser auffüllen (15 g grobes Salz pro Liter), Lorbeer, Thymian und Essig hinzufügen und zum Kochen bringen. Den Rochen 15 Minuten köcheln lassen, herausnehmen, abtropfen lassen und mit einem Messerrücken vorsichtig die Haut abziehen, dabei das Fleisch nicht verletzen.

Den Fisch in vier Portionsstücke schneiden (der zentralen Gräte folgend), auf vier vorgewärmten Tellern anrichten, mit den Kartoffeln umlegen und mit gehackter Petersilie bestreuen. Die Teller warm stellen.

»Wie, Sie sprechen immer noch von Dechambre?« sagte Monsieur Verdurin, der uns vorausgegangen (…) war. »Hören Sie«, sagte er zu Brichot, »man kann das auch übertreiben. Daß er tot ist, ist doch kein Grund, ihn zum Genie zu stempeln, das er gar nicht war. Er spielte gut, versteht sich, und war hier vor allem ausgezeichnet in seinem Element; anderswohin verpflanzt, wäre er nichts mehr gewesen. Meine Frau war vernarrt in ihn und hat seinen Ruf begründet. Sie wissen ja, wie sie ist. Ich gehe sogar noch weiter, gerade im Interesse seines Ruhmes ist er im richtigen Moment gestorben, sozusagen ›à point‹, wie hoffentlich die ›Demoiselles de Caen‹, bereitet nach den unvergleichlichen Rezepten von Pampille, es jetzt sein werden (wofern Sie nicht etwa mit Ihren Jeremiaden in dieser allen Winden geöffneten ›Kasbah‹ noch lange verweilen wollen).« (Sodom und Gomorra)

Die Jungfrauen von Caen, im ewigen Feuer geröstet

Demoiselles de Caen grillées au feu éternel

ZUTATEN: 2 Langusten à 1 kg, 60 g gesalzene Butter.
ZUTATEN FÜR DIE SAUCE: 0,2 l trockener Weißwein, 2 gehackte Schalotten, ½ EL gehackter Estragon, 0,4 l saure Sahne, 50 g gesalzene Butter, Salz, Pfeffer, Cayennepfeffer.

Die Languste auf ein Brett legen, den Schwanz flach drücken und die Languste der Länge nach mit einem scharfen Messer zweiteilen. Den Sand aus dem oberen Kopfteil entfernen. Die cremigen Innereien und das Co-

rail herausnehmen und zur Seite stellen. Mit der zweiten Languste genauso verfahren.

Für die Sauce in einer Kasserolle die Schalotten mit dem Weißwein auf ein Viertel einkochen lassen, dabei ständig mit einem Holzlöffel umrühren. Die Sahne und den gehackten Estragon zugeben, die Hitze reduzieren und leise köcheln lassen, bis eine leicht cremige Sauce entsteht. Von Zeit zu Zeit umrühren. Die gesalzene Butter mit dem Corail und den Innereien gut vermengen. Beiseite stellen. Sobald die Sauce cremig ist, die Butter-Corail-Mischung mit dem Schneebesen kräftig unterrühren. 4 bis 5 Minuten leise köcheln lassen, durch ein feines Sieb geben. Mit 1 oder 2 Messerspitzen Cayennepfeffer abschmecken und warm stellen.

Den Grill vorheizen. Die Fleischseiten der Langusten mit je 15 g gesalzener Butter bestreichen und 7 bis 8 Minuten grillen. Ist das Fleisch noch nicht gebräunt, die Temperatur erhöhen oder die Languste für kurze Zeit näher unter den Grill schieben.

»Er ist im richtigen Moment gestorben, sozusagen à point, wie hoffentlich die ›Demoiselles de Caen‹, bereitet nach den unvergleichlichen Rezepten von Pampille, es jetzt sein werden (...).«

Jeweils eine halbe Languste auf einem Teller anrichten; die Sauce in einer vorgewärmten Sauciere getrennt dazu reichen. Sehr heiß servieren.

Falls Sie flambierte Langusten vorziehen, etwas Cognac in einem kleinen Topf erhitzen, anzünden und über die Langusten gießen.

Wie hätte ich noch von dem Eßzimmer träumen können als von einer unerhörten Stätte, während ich doch im Geist darin bei jedem Schritt auf die Strahlen traf, die ungebrochen bis in meine fernste Vergangenheit hinein der Hummer à l'américaine entsandte, den ich noch eben dort aß? (Im Schatten junger Mädchenblüte)

Hummer auf amerikanische Art

Homards à l'américaine

ZUTATEN: 2 Hummer à 800 g, 200 g frische Tomaten, 100 g gesalzene Butter, 100 g Zwiebeln, 50 g Schalotten, 2 Knoblauchzehen, 2 EL gehackte glattblättrige Petersilie, 1 TL gehackter Kerbel, 1 TL frisch gehackter Estragon, 1 Lorbeerblatt, 1 Thymianzweig, 0,3 l Fischsud, 5 EL guter Cognac, 1 EL Olivenöl, Pfeffer, Cayennepfeffer.

Den Fischsud herstellen (siehe normannische Seezungen, S. 142). Die Tomaten häuten, die Kerne entfernen, das Fleisch in Würfel schneiden. Die Zwiebeln, Schalotten und den Knoblauch schälen und hacken. Den Hummer zweiteilen (siehe Die Jungfrauen von Caen, S. 146) und anschließend in drei oder vier Stücke zerteilen. Die Scheren vorsichtig abbrechen. Die »Creme« aus dem Kopf holen und durch ein feines Sieb streichen. Das Öl in einer großen, schweren Pfanne erhitzen; sobald es heiß ist, die Hummerteile darin von allen Seiten garen: 5 Minuten für den Schwanz, 10 Minuten für den Kopf und die Scheren. Herausnehmen, abtropfen lassen und beiseite stellen.

50 g Butter in der Pfanne zerlassen, Zwiebeln, Schalotten und Knoblauch darin anschwitzen, bis sie etwas Farbe annehmen. Dabei von Zeit zu Zeit umrühren. Mit dem Cognac flambieren, die Tomatenwürfel, den Fischsud, Petersilie, Kerbel, Thymian und Lorbeerblatt hinzufügen. Mit wenig Pfeffer aus der Mühle und einer Messerspitze Cayennepfeffer abschmecken. Zum Kochen bringen und 15 Minuten köcheln lassen. Die Sauce mit der aus dem Kopf gewonnenen »Creme« binden. Abschmekken. Den Rest der Butter und den Estragon einarbeiten und unter ständigem Rühren etwas einkochen lassen.

Die Hummerstücke in die Sauce geben, die man gegebenenfalls vorher durch ein Sieb gießen kann. Den Thymianzweig und das Lorbeerblatt herausnehmen. Den Hummer 3 Minuten in der Sauce heiß werden lassen — die Sauce darf dabei nicht kochen — und auf einer vorgewärmten Servierplatte anrichten. Dazu paßt Naturreis.

»Heute haben wir zum Mittagessen Eier im Näpfchen, Filet mit Béarnaisesauce und Bratkartoffeln. Ißt du Filet mit Béarnaisesauce gern?« — *»O ja, Onkel.«* — *»Gut, um so besser! Und dann gibt es auch noch Gründlinge, wenn Vater David welche gebracht hat, was ich aber nicht weiß. Oh! Es ist ja schon Viertel nach elf und Zeit aufzubrechen, wenn die Fischfritüre nicht ohne uns verbrutzeln soll ...«* (Jean Santeuil)

Fritierte Gründlinge

Friture de goujons

ZUTATEN: 1 kg kleine Gründlinge, 100 g Mehl, 1 Bund krause Petersilie, 1 l Erdnußöl, Salz, Pfeffer.

In einer großen Schmorpfanne mit hohem Rand oder in einer Friteuse das Öl erhitzen. Die Gründlinge salzen, pfeffern und leicht mit Mehl bestäuben.

Die Gründlinge je nach Größe 1 bis 2 Minuten in dem heißen Öl ausbacken, herausnehmen und auf Küchenkrepp abtropfen lassen.

Die Petersilie sorgfältig waschen und ebenfalls abtropfen lassen. 15 Sekunden fritieren. Die Gründlinge damit bestreuen und sofort servieren.

Ferner war dort noch eine Vorrichtung geschaffen, mit deren Hilfe Pferde, die Monsieur Santeuils Vater gehörten, im Kreis trottend das Wasser aus dem weiter unten gelegenen Kanal heraufbeförderten, jenem Kanal, an dem Jean, im Schatten eines Baumes sitzend, so daß die Fische ihn nicht sehen konnten, dicke Karpfen angelte, die er alsbald ins Gras unter den Hahnenfuß an einen Platz warf, zu dem die Schwäne wegen der Gittervorrichtungen unter dem ländlichen Brückchen nicht gelangen konnten. (Jean Santeuil)

Karpfen mit Tomate

Carpes à la tomate

ZUTATEN: 2 Karpfen à 800 g, 400 g Zwiebeln, 10 g gehackte Mandeln, 1 Handvoll Smyrna-Rosinen, 1 EL Olivenöl, 1 EL grobes Salz, Pfefferkörner. ZUTATEN FÜR DIE CONCASSÉE DE TOMATES: 6 große reife Tomaten, 1 Zwiebel, 1 Knoblauchzehe, 1 Thymianzweig, 1 Lorbeerblatt, 1 EL Olivenöl.

Bitten Sie Ihren Fischhändler, den Karpfen zu filetieren.

Zunächst die Concassée de tomates vorbereiten: die Tomaten häuten und grob hacken. Zwiebel und Knoblauch schälen und ebenfalls hacken. In einer Schmorpfanne das Olivenöl erhitzen, Knoblauch, Zwiebel, Thymian und Lorbeerblatt hineingeben, die Tomaten zufügen und schmoren lassen, bis alle Flüssigkeit verdampft ist. Warm stellen.

Die Rosinen waschen. Die Zwiebeln schälen, hacken und das Olivenöl in einer Kasserolle, die groß genug ist, die Fischfilets in einer Lage aufzunehmen, erhitzen. Die Zwiebeln darin leicht Farbe annehmen lassen, die gehackten Mandeln und die Rosinen zugeben, salzen und pfeffern. Gut umrühren. Mit etwas heißem Wasser ablöschen. Die Karpfenfilets hineingeben. Die Kasserolle mit einem sauberen Tuch abdecken, das den aufsteigenden Dampf auffängt. Auf diese Weise werden die Filets gleichmäßig gegart und trocknen nicht aus. Die Filets 15 Minuten köcheln lassen, herausnehmen und warm stellen.

Die Mischung aus Zwiebeln, Mandeln und Rosinen mit einer Schaumkelle herausnehmen. Die Flüssigkeit durch ein feines Sieb gießen und wieder zur Mischung geben.

Die Concassée de tomates abschmecken, auf vier vorgewärmte Teller verteilen, die Karpfenfilets darauf anrichten und mit der Rosinen-Mandel-Sauce überziehen.

»Ein unendlich besseres und amüsanteres Diner als die gewöhnlichen (…), wobei wir nicht feststellen können, ob das Licht der zweiten Lampe, die an diesem Tag zusätzlich angezündet wurde, die Fischfritüre als Vorspeise oder die sanfte Wärme des Feuers, an dem man dichter saß, den entscheidenderen Anteil daran hatte.«

Bei Villebon sah es ganz anders aus. Jeden Augenblick stieß man dort auf den Loir, und das machte einen Teil seines Charmes aus. Man überquerte ihn nach dem Verlassen der Stadt ein erstes Mal auf einer alten Holzbrücke (kaum mehr als ein Brett, über dem auf der einen Seite als Brückengeländer ein Seil gespannt war), an deren Ende ein Pflaumenbaum stand, den der Sommer mit blauen Blättern bedeckte, und unter dem Pflaumenbaum ein Angler mit Strohhut und Alpaka-Weste, der mit dem schönen Wetter dort Wurzeln geschlagen hatte. Im Loir schnappte ein Karpfen von Zeit zu Zeit an der Oberfläche nach Luft, aus Hunger oder Erregung, in einer Art großem, aufgeregtem Seufzer, sich nach dem Jenseits sehnend. (In Swanns Welt, Skizze LIII)

Karpfen in Bier

Carpe à la biere

ZUTATEN: 4 Karpfenfilets à 150 bis 200 g (ohne Gräten), ¼ l Bier, ¼ l Fischsud, 50 g Honigkuchen, 100 g Zwiebeln, 75 g Staudensellerie, 75 g Butter, Salz, Pfeffer.

Die Zwiebeln schälen, den Staudensellerie waschen, trockentupfen und schälen. Zwiebeln und Sellerie kleinschneiden. Den Honigkuchen in kleine Würfel schneiden.

Die Hälfte der Butter in eine Schmorpfanne geben, die Zwiebeln und den Sellerie 5 Minuten darin dünsten, aber keine Farbe annehmen lassen, mit dem Bier auffüllen, zum Kochen bringen, den Fischsud zugießen und nochmals aufkochen lassen. Die Honigkuchenwürfel zugeben, die Karpfenfilets darauf verteilen. Bei milder Hitze ungefähr 5 Minuten ziehen lassen (die Länge der Garzeit hängt von der Dicke der Karpfenfilets ab). Die Filets auf einer vorgewärmten Servierplatte anrichten.

Die Sauce durch ein Sieb gießen und um die Hälfte einkochen lassen. Den Rest der Butter mit dem Schneebesen unterrühren. Abschmecken. Die Filets mit der Sauce überziehen und auftragen.

(…) *Eine Weide aber fürs Auge und — ich stehe nicht an, es zu sagen — für die Einbildungskraft des Körperteils, den man früher als »das Maul« bezeichnet hat, ist es, wenn ein Butt hereingetragen wird, der nichts von den etwas unfrischen Butts an sich hat, die selbst auf den luxuriösesten Tafeln erscheinen und auf deren Rücken die Etappen der langen Reise in der Modellierung der Gräten eingezeichnet sind; ein Butt zudem, der nicht mit dem klebrigen Brei serviert wird, den unter dem Namen einer »weißen Sauce« so viele Küchenchefs produzieren, sondern in Begleitung einer wirklichen »Sauce blanche«, die mit Butter zu fünf Francs das Pfund zubereitet ist (…).* (Die wiedergefundene Zeit)

Butt mit weißer Sauce

Barbue Sauce blanche

ZUTATEN: 4 Buttfilets à 150 bis 200 g, 60 g gehackte Schalotten, 60 g Butter, 3 EL Crème fraîche, 30 g Mehl, 1 Zitrone, Salz, Pfeffer.

Die Butter 1 Stunde vor der Zubereitung aus dem Kühlschrank nehmen. In einer Kasserolle 30 g Butter zerlassen und die gehackten Schalotten 2 Minuten darin anschwitzen. Mit ¼ l kaltem Wasser auffüllen, zum Kochen bringen und die Sahne unter ständigem Rühren einarbeiten. Nochmals aufkochen lassen. Die Filets in die Kasserolle geben, salzen und pfeffern. Zugedeckt bei milder Hitze 5 Minuten köcheln lassen (die Länge der Garzeit hängt von der Dicke der Filets ab).

Während dieser Zeit mit einer Gabel die restliche weiche Butter gründlich mit dem Mehl vermengen. Die Filets herausnehmen und warm stellen.

Die Sauce wieder zum Kochen bringen und das Butter-Mehl-Gemisch einarbeiten. Mit dem Schneebesen kräftig durchrühren, bis die Sauce eine leicht dickliche Konsistenz annimmt. Mit dem Saft einer halben Zitrone abschmecken. Die Fischfilets auf vorgewärmte Teller geben, mit der Sauce überziehen und sofort servieren.

Dazu passen Nudeln oder Naturreis.

Für Mama und Françoise hatte der Samstag eine andere Bedeutung; beim »Rat« am Samstag morgen wurde beschlossen, was beim Familiendiner am Sonntag abend auf den Tisch kommen sollte. Ein Steinbutt, der seit langem nicht mehr aufgetragen worden, zudem sehr schön war und zu den Lieblingsgerichten meines Onkels gehörte, stand in einem heftigen Wettstreit mit einem Perlhuhn mit Kohl, für das sprach, daß es nicht so einfach zu verdauen war und mein Vater nach dem Essen noch auszugehen hatte. (In Swanns Welt, Skizze XLIX)

Gegrillter Steinbutt mit Sauce hollandaise

Turbot grillé sauce hollandaise

ZUTATEN: 4 Steinbuttfilets à 250 g, 50 g Mehl, 3 EL Olivenöl, Salz, Pfeffer, Petersilie. ZUTATEN FÜR DIE SAUCE HOLLANDAISE: siehe rechts

Den Ofen auf 180°C vorheizen. Gleichzeitig den Grill auf stärkster Stufe anheizen. Die Filets salzen und pfeffern, mit Mehl bestäuben, überschüssiges Mehl abklopfen.

Den Grillrost einölen, die Filets leicht schräg darauf plazieren. Nach 1 Minute um ein Viertel drehen, damit ein schönes Gittermuster entsteht, und noch einmal 1 Minute grillen. Die Filets wenden, den Vorgang wiederholen. Nach 4 Minuten vom Grill nehmen und in eine feuerfeste Form geben.

Die Sauce hollandaise zubereiten (siehe rechts). Nach Fertigstellung der Sauce die Filets in den Ofen geben und 4 bis 5 Minuten fertig garen.

Die Filets auf vorgewärmten Tellern anrichten, mit etwas Petersilie bestreuen. Die Sauce getrennt dazu reichen.

Dazu passen Salzkartoffeln.

Sauce hollandaise

ZUTATEN: 3 frische Eier, 200 g geklärte Butter (siehe unten), 1 Zitrone, 5 EL trockener Weißwein, 1 gehackte Schalotte, Salz, weißer Pfeffer, Cayennepfeffer (nach Belieben).

In einem kleinen Schmortiegel mit dickem Boden den Weißwein, den Saft einer halben Zitrone und die Schalotte so lange kochen lassen, bis alle Flüssigkeit verdampft ist (nicht zudecken). Abkühlen lassen.

Die Butter bei milder Hitze zerlassen.

Unter die abgekühlte Schalotten-Wein-Zitronensaft-Mischung die Eigelb rühren; anschließend den Tiegel in ein heißes Wasserbad stellen und mit einem Schneebesen kräftig umrühren. Wenn die Sauce eine cremige Konsistenz hat, vom Feuer nehmen und die Butter nach und nach einarbeiten. Salzen, pfeffern und nach Belieben mit Cayennepfeffer abschmecken.

Die Sauce durch ein feines Sieb geben und in einer vorgewärmten Sauciere servieren.

GEKLÄRTE BUTTER: Die Butter bei milder Hitze in einem schweren Tiegel zerlassen, bis sich auf der Oberfläche Schaum bildet. Die Hitze muß so mild sein, daß dieser Vorgang in der Regel 20 Minuten dauert.

Den Tiegel vom Feuer nehmen, den bräunlichen Schaum mit einer Schaumkelle entfernen und die Butter durch ein Tuch oder durch einen Papierfilter in ein Gefäß umfüllen und bis zur Verwendung beiseite stellen.

»Die Kuchen (...) und die Törtchen (...) erinnerten mich an die Kuchenteller aus Tausendundeiner Nacht, die Tante Léonie so viel Spaß gemacht hatten, wenn Françoise den einen Tag ›Aladin und die Wunderlampe‹, einen anderen ›Ali Baba und die vierzig Räuber‹, dann ›Das Märchen vom Schlafenden und Wachenden‹ oder ›Sindbad der Seefahrer‹ brachte, wie er sich mit seinen Reichtümern nach Bassora einschiffte.« — (Folgende Seiten:) Teller »Sindbad der Seefahrer«, Musée de la Faïence de Montereau.

(…) Machte hier ein roter Himmelsstreifen, der so fest und gradlinig dastand wie ein Stück Fleischgelee, dann bald darauf — über dem schon kalt und blau gleich einer Seebarbe daliegenden Meer — der Himmel von demselben Rosa wie einer der Lachse, den wir uns alsbald in Rivebelle würden servieren lassen, das Vergnügen, das ich beim Umkleiden für die Ausfahrt zum Abendessen empfand, noch lebendiger. (Im Schatten junger Mädchenblüte)

Meeräsche mit Gurke

Mulet au concombre

ZUTATEN: 2 Meeräschen à 800 g, 1 große Salatgurke, 3 EL Weißweinessig, 1 kleiner Zweig Thymian, 1 Lorbeerblatt, 1 große Karotte, 1 große Zwiebel, grobes Salz. ZUTATEN FÜR DIE SAUCE: 125 g Olivenöl, 1 Ei, 1 Zitrone, 1 EL saure Sahne, Salz, Pfeffer.

Die Fische vom Händler ausnehmen und schuppen lassen.

Einige Stunden vor Kochbeginn die Gurke schälen und in feine Scheiben schneiden, in einen tiefen Teller geben und mit grobem Salz bestreuen, damit sie Wasser ziehen.

Mit einer Gabel die Scheiben voneinander lösen, abtropfen lassen und mit einem sauberen Tuch trockentupfen. Die Karotte schälen, waschen und in feine Scheiben schneiden. Die Zwiebel schälen und hacken.

In einem Fischkochtopf einen Sud aus 2 l Wasser, dem Essig, dem Thymian, dem Lorbeerblatt, den Karottenscheiben und der gehackten Zwiebel herstellen. Ungefähr 20 Minuten leise köcheln lassen. Mit grobem Salz würzen. Die Meeräschen in den Sud geben und 20 Minuten leise ziehen lassen. Aus dem Topf nehmen, abtropfen lassen und vorsichtig die Filets lösen; warm stellen.

Während die Fische garen, die Sauce zubereiten: In einer kleinen Schüssel das Eigelb wie für eine Mayonnaise mit dem Öl binden, salzen und pfeffern. Den Saft einer Zitrone und die saure Sahne einarbeiten (wenn die Sauce nicht binden will, einen EL eiskaltes Wasser und etwas mehr Öl hinzufügen).

Die trockengetupften Gurkenscheiben mit etwas Sauce vermengen und auf Tellern anrichten; dabei mit einer Gabel etwas lockern. Die Fischfilets daneben plazieren und ebenfalls mit der Sauce überziehen.

(…) Ein Fisch im Sud wurde auf einer langen irdenen Schüssel hereingebracht, wo er von einer Streu aus bläulichen Kräutern sich plastisch abhob, noch in ganzer Größe, aber leicht aufgerollt, weil er lebend in das kochende Wasser geworfen war, und, satellitenartig von kranzförmig angeordneten Schalentieren wie Taschenkrebsen, Krabben und Muscheln umgeben, wie eine Keramik von Bernard Palissy wirkte. (Die Welt der Guermantes)

Wolfsbarsch im Sud

Bar au court-bouillon

ZUTATEN: 1 Wolfsbarsch à 1 bis 1,2 kg, 300 g Butter, 1 Zitrone, Salz, Pfeffer. ZUTATEN FÜR DEN SUD: 0,1 l trockener Weißwein, 1 l Wasser, 2 gehackte Zwiebeln, 40 g Petersilie (mit Stengeln), 1 Thymianzweig, 1 Lorbeerblatt, grobes Salz, zerstoßener Pfeffer.

Den Fisch vom Händler schuppen und ausnehmen lassen. Die Zutaten für den Sud in einen Fischkochtopf geben, zum Kochen bringen, ½ Stunde köcheln und anschließend abkühlen lassen.

Den Wolfsbarsch in den ausgekühlten Sud geben, bei milder Hitze zum Kochen bringen und ca. 30 Minuten ziehen lassen.

Währenddessen die Sauce zubereiten: In einer kleinen Kasserolle 2 EL Wasser, 1 Messerspitze Salz, Pfeffer aus der Mühle (1 Umdrehung) und den Saft ½ Zitrone zum Kochen bringen, die 300 g Butter stückweise unter

Rühren einarbeiten. Die Sauce soll das Aussehen und die Konsistenz einer hellen Creme haben (nach der Fertigstellung sofort servieren). Abschmecken.

Den Wolfsbarsch nach dem Garen vorsichtig aus dem Topf nehmen und auf einem Tuch abtropfen lassen. Auf einer vorgewärmten Servierplatte anrichten, die Sauce getrennt dazu reichen.

»Ein Fisch im Sud wurde auf einer langen irdenen Schüssel hereingebracht, wo er (…) wie eine Keramik von Bernard Palissy wirkte.«

FLEISCHGERICHTE

(…) *Wo die große Hängelampe, die von Golo und Blaubart nichts wußte, dafür aber meine Eltern und das Bœuf à la casserole gut kannte, ihr Licht spendete wie an allen anderen Abenden auch (…).* (In Swanns Welt)

Rindfleisch in der Kasserolle

Bœuf à la casserole

ZUTATEN: 1 kg Rinderbug, 700 g Karotten, 200 g Zwiebeln, ½ l trockener Weißwein, 30 g fetter Speck (in Würfel geschnitten), 30 g gehackte Petersilie, 1 Bouquet garni, Salz, Pfefferkörner.

Bitten Sie Ihren Metzger, den Bug in 70 bis 80 g schwere Stücke zu schneiden. 200 g Karotten schälen und in 1 cm große Würfel schneiden. Die Zwiebeln schälen und hacken.

Den Speck in einer Kasserolle auf allen Seiten anbraten, dann herausnehmen. In dem ausgelassenen Fett die Rindfleischstücke Farbe annehmen lassen. Den Ofen auf 180°C vorheizen.

Das Fleisch herausnehmen, in dem Fett die Zwiebeln und 200 g Karotten leicht Farbe annehmen lassen und mit dem Weißwein ablöschen. Das Ganze zum Kochen bringen, den Kräuterstrauß, die Fleischstücke und 10 Pfefferkörner hineingeben, mit Wasser auffüllen, bis die Fleischstücke bedeckt sind. Aufkochen lassen und zugedeckt für drei Stunden in den Ofen schieben.

500 g Karotten schälen und in 5 mm dicke Scheiben schneiden. Nach 3 Stunden das Fleisch in eine andere Kasserolle umschichten. Die Sauce durchsieben, mit 500 g Karotten zu dem Fleisch geben, abschmecken, gut umrühren, zudecken und nochmals für 1 Stunde in den Ofen schieben. Auf einer heißen Servierplatte anrichten, mit Petersilie bestreuen.

»Heute mittag erst hat mir dieser dumme Koch eine Hammelkeule mit Sauce béarnaise vorgesetzt, die übrigens, wie ich anerkennen muß, ausgezeichnet war, aber gerade deswegen habe ich so viel davon genommen, daß es mich jetzt noch im Magen drückt.« (Die Welt der Guermantes)

Lammkeule — sauce béarnaise

Gigot d'agneau — sauce béarnaise

ZUTATEN: 1 Lammkeule à 2½ kg, 2 EL Olivenöl, 80 g Butter, 3 Zwiebeln, 1 Knoblauchzehe, 1 TL Thymianblüten, 2 Lorbeerblätter, Salz, Pfeffer, 200 g Sauce béarnaise (Rezept S. 158).

Den Ofen auf 200°C vorheizen. Die Zwiebeln schälen und jeweils in 6 Teile schneiden. Die Knoblauchzehe halbieren. Ein großes Blech mit dem Öl einstreichen und in den Ofen schieben. Die Lammkeule salzen und pfeffern und auf das heiße Blech legen.

Sobald die Lammkeule von allen Seiten gut Farbe angenommen hat, mit der Butter bestreichen, Zwiebeln, Knoblauch, Thymian und Lorbeer zugeben, wieder in den Ofen schieben und etwa 1 Stunde garen lassen. Drohen die Zwiebeln während des Bratens zu dunkel zu werden, mit einem kleinen Glas Wasser ablöschen.

Sobald die Lammkeule gar ist, herausnehmen und 30 Minuten ruhen lassen. Man kann sie dazu in Aluminiumfolie einwickeln, so bleibt sie heiß, oder man wärmt sie vor dem Servieren 3 bis 4 Minuten im Ofen auf. Die Lammkeule aufschneiden und sofort mit Sauce béarnaise servieren.

Dazu passen Bratkartoffeln und grüne Bohnen in Butter.

Sauce béarnaise

ZUTATEN: 200 g geklärte Butter (siehe Sauce hollandaise, S. 151), 3 Eier, 0,8 dl Weinessig, 30 g Schalotten, etwas zerstoßener Pfeffer, 1 EL und 1 TL gehackter Estragon, 1 TL gehackter Kerbel, Salz, Cayennepfeffer.

Die Schalotten schälen und fein hacken.

In einer Schmorpfanne den Essig, den zerstoßenen Pfeffer, die gehackten Schalotten und 1 EL gehackten Estragon schnell zum Kochen bringen, um drei Viertel einkochen und anschließend abkühlen lassen.

Die drei Eigelb mit drei EL kaltem Wasser bei sehr milder Hitze in die abgekühlte Reduktion einarbeiten, dabei kräftig mit einem Schneebesen umrühren. Die Temperatur langsam erhöhen. Sobald die Masse die Konsistenz einer sämigen Creme erreicht hat, vom Feuer nehmen. Die Butter in Stücke schneiden und nach und nach unter ständigem Rühren einmontieren.

Die Sauce durch ein Sieb streichen. Salzen, pfeffern und 1 oder 2 Messerspitzen Cayennepfeffer, den restlichen Estragon sowie den Kerbel zufügen.

Die Sauce bis zum Auftragen im Wasserbad warm halten.

Man gab ihm ruhig den Auftrag, Rezepte für eine Sauce gribiche oder einen Ananassalat zu besorgen, die man für große Diners benötigte, zu denen er nicht geladen war (…), jenem ersten Swann, den eine Atmosphäre von Muße und ein zarter Duft nach dem alten Kastanienbaum, nach den Himbeerkörben und einem Stengelchen Estragon umweht. (In Swanns Welt)

Sauce gribiche

ZUTATEN: 6 Eier, ½ l Erdnußöl, 60 g Cornichons, 40 g Kapern, 2 TL scharfer Senf, 1 EL Petersilie, ½ EL Schnittlauch, ½ EL Kerbel, ½ EL Estragon, Salz, Pfeffer.

Die Eier hart kochen, abkühlen lassen. In einer großen, tiefen Schüssel das Eigelb zerdrücken, mit dem Senf vermengen und so lange rühren, bis eine glatte, homogene Masse entsteht. Nach und nach wie bei einer Mayonnaise das Öl einarbeiten. Das Eiweiß, die Cornichons und die Kräuter fein hacken.

Den Essig, die Kräuter, die Cornichons, die Kapern und das gehackte Eiweiß unterziehen, mit Salz und Pfeffer abschmecken.

Die Sauce gribiche paßt zu Fleisch, zu kaltem Fisch und zu Kalbskopf.

(…) Da Françoise auf eine durch und durch einwandfreie Beschaffenheit der Grundstoffe, die bei der Herstellung ihrer Meisterwerke eine Rolle spielten, bedacht war, ging sie — so wie Michelangelo acht Monate in den Bergen von Carrara verbrachte, um die vollkommensten Marmorblöcke für das Grab Julius' des Zweiten auszuwählen — selbst in die Hallen, um sich das saftigste Stück Rindsfilet, die vortrefflichsten Waadschinken und die besten Kalbsfüße zu beschaffen. (Im Schatten junger Mädchenblüte)

Rinderschmorbraten in Aspik

Bœuf mode en gélee

ZUTATEN: 1 kg gespicktes Rindfleisch aus der oberen Keule, 200 g kleine Zwiebeln, 200 g neue Karotten, 50 g fetter Speck, 1 Kalbsfuß, 4 Eier, 20 g Butter, grobes Salz.

ZUTATEN FÜR DIE MARINADE: 1,5 dl Cognac, 1¹/₂ l Rotwein, 200 g Karotten, 200 g Zwiebeln, 2 Lorbeerblätter, 2 Thymianzweige, 2 Petersilienstengel.

Bitten Sie Ihren Metzger, das Fleisch abwechselnd mit frischem und geräuchertem Speck zu spicken und mit Küchengarn in Form zu binden.

Am Vortag die Marinade zubereiten: Die Zwiebeln hacken, die Karotten putzen und in Würfel oder Scheiben schneiden. 0,3 l Rotwein und 1 dl Cognac in eine große Terrine geben, alle anderen Zutaten für die Marinade zugeben, umrühren, das Fleischstück hineinlegen, mit einer Klarsichtfolie abdecken und 12 Stunden im Kühlschrank ruhen lassen. Das Fleisch öfter in der Marinade wenden.

Den Ofen auf 180°C vorheizen. Das Fleisch über der Marinade abtropfen lassen. Den fetten Speck in einem Schmortopf auslassen, das Fleisch von allen Seiten im heißen Fett anbraten, mit dem Rest des Cognacs flambieren, den restlichen Rotwein zugießen und um ein Viertel einkochen lassen.

Die Marinade und die Gemüse hineingeben und mit so viel Wasser aufgießen, daß das Fleisch bedeckt ist.

Den Kalbsfuß 5 Minuten in kaltes Wasser legen, zum Fleisch geben, vorsichtig salzen (der Speck ist bereits salzhaltig!) und den Topf zugedeckt für mindestens 3 Stunden in den Ofen schieben. Die neuen Karotten und die kleinen Zwiebeln schälen. Wenn das Fleisch gar ist, aus dem Schmortopf nehmen, abtropfen lassen (den Herd nicht ausstellen). Die Sauce durch ein Sieb geben. Den Topf mit Küchenkrepp auswischen, die Butter darin zerlassen, Zwiebeln und Karotten hineingeben und leicht Farbe annehmen lassen. Die Sauce zugießen, das Fleisch hineingeben und für eine weitere Stunde in den Ofen schieben. Das Fleisch herausnehmen und beiseite stellen.

Die Sauce nochmals durch ein Sieb gießen, in eine Kasserolle geben und zum Kochen bringen. Vier Eiweiß steif schlagen und zum Klären in die kochende Sauce geben. (Rückstände bleiben an dem Eiweiß kleben.) Nochmals aufkochen, die Hitze reduzieren und 5 Minuten köcheln lassen. Die Sauce durch ein feines Sieb passieren. Vom Rindfleisch die Fäden entfernen, das Fleisch in 5 mm dicke Scheiben schneiden und in eine tiefe Form schichten. (Den Kalbsfuß entbeinen, in Stücke schneiden und unter das übrige Fleisch mischen oder weglassen.) Die Karotten und Zwiebeln darüber verteilen, mit der Sauce, die zu Aspik erstarren wird, übergießen und für mindestens 3 Stunden in den Kühlschrank stellen.

Am Tage zuvor schon hatte Françoise auch das, was sie »Neff-York-Schinken« nannte, in seiner Hülle aus Brotteig, rosigem Marmor gleich, zum Bäcker geschickt. In der Meinung, die Sprache sei viel weniger reich, als sie ist, und mißtrauisch gegen ihr Gehör hatte sie zweifellos, als sie die Bezeichnung York-Schinken zum ersten Mal vernahm, geglaubt — zumal sie es als eine unwahrscheinliche Verschwendung annahm, daß nebeneinander York und New York existieren sollten —, sie habe nicht recht verstanden und es sei jener Name gemeint, den sie bereits kannte. (Im Schatten junger Mädchenblüte)

Gebackener York-Schinken

Jambon d'York au four

ZUTATEN: 1 ganzer, leicht gepökelter York-Schinken, 0,4 l Madeira, Salz, Pfeffer.

Den Schinken zunächst 6 Stunden kalt wässern.

In einen großen Topf geben und mit kaltem Wasser bedecken. Zum Kochen bringen, abschäumen und leise köcheln lassen. Man rechnet mit einer Garzeit von 20 Minuten pro Pfund.

Eine halbe Stunde vor Ende der Garzeit den Schinken aus der Brühe nehmen, die Schwarte und überschüssiges Fett entfernen. Die Brühe zur Seite stellen. Den Herd auf 160°C vorheizen.

Den Schinken mit dem Madeira in einen Schmortopf geben, diesen gut verschließen und für 1 Stunde in den Ofen schieben.

Für die Sauce die Brühe um drei Viertel einkochen lassen; eine Viertelstunde vor Ende der Garzeit 0,2 l davon zum Schinken geben. Ist die Sauce zu dünnflüssig, mit etwas Maizena binden. Abschmecken.

Den Schinken aufschneiden, mit der Sauce überziehen und sofort servieren.

Wenn Sie den Schinken im Ganzen auftragen, können Sie ihn glasieren: Dafür wird er mit der Madeira-Sauce überzogen und in den sehr heißen Ofen gegeben, bis die Sauce karamelisiert.

In einer Metzgerei wendete zwischen einer Sonnenaureole zur Linken und einem halben Dutzend Ochsen zur Rechten ein großer, sehr blonder und schlanker Fleischergeselle, dessen Hals aus einem himmelblauen Hemd hervorsah, schwindelerregende Fixigkeit und religiöse Gewissenhaftigkeit daran, nach der einen Seite prima Rindsfilets und nach der anderen ganz geringwertiges Knochenfleisch auszusortieren (…), so daß er — obwohl er im weiteren Verlauf nur über Nieren, Tournedos und Filetbeefsteaks zwecks Anordnung in der Auslage zu befinden hatte, in Wahrheit viel eher den Eindruck eines schönen Engels erweckte, der am Tag des Jüngsten Gerichts für Gottvater die Scheidung der Guten und Bösen je nach Qualität und das Abwiegen der Seelen vorbereitet. (Die Gefangene)

Kalbsnieren in Cognac

Rognons de veau à la fine champagne

Zutaten: 3 große, helle Kalbsnieren, 80 + 70 g Butter, 50 g gehackte Schalotten, 200 g Champignons, 1,5 dl guter Cognac, 0,2 l Crème fraîche, 1 Zitrone, 1 EL scharfer Senf, 1 EL glattblättrige Petersilie, Salz, Pfeffer.

Den Ofen auf 190°C vorheizen. Die Nieren säubern und enthäuten. In einem schweren Schmortopf, in dem die Nieren ausreichend Platz haben, 50 g Butter zerlassen und die Nieren darin bei starker Hitze anbraten, bis sie schön gebräunt sind, anschließend den Topf für etwa 15 Minuten in den Ofen schieben. Die Nieren herausnehmen, auf einen vorgewärmten tiefen Teller geben und mit einem tiefen Teller abdecken.

Bratrückstände aus dem Schmortopf entfernen. Den Topf wieder auf den Herd stellen und die Schalotten anschwitzen, ohne daß sie Farbe annehmen. Den Cognac zugießen, um drei Viertel einkochen lassen, die Sahne unterrühren und um die Hälfte reduzieren.

80 g Butter in Stücke schneiden und nach und nach bei kleiner Hitze in die Sauce einmontieren, dabei ständig mit dem Schneebesen rühren. Den Saft von 1/4 Zitrone und den Senf zugeben. Die Sauce darf nun nicht mehr kochen. Abschmecken. Die Champignons waschen, trockentupfen, kleinschneiden und in einer Pfanne in 20 g Butter anbraten. Zu der Sauce geben.

Die Nieren in feine Scheiben schneiden und mit dem ausgetretenen Fleischsaft vorsichtig mit der Sauce vermischen.

Mit gehackter Petersilie und etwas zerstoßenem Pfeffer bestreuen. Kurz durchwärmen, aber auf keinen Fall zum Kochen bringen. Die Nieren mit der Sauce auf vier vorgewärmte Teller verteilen und sofort servieren.

»Es wäre mir wirklich interessant, Ihren an Vatel erinnernden Kochkünstler jetzt einmal mit einem ganz anders zubereiteten Gericht zu erproben, zum Beispiel zu sehen, wie er sich mit einem Bœuf Stroganow aus der Affäre zieht.« (Im Schatten junger Mädchenblüte)

Rinderfilet Stroganow

Bœuf Stroganof

Zutaten: 700 g Rinderfilet, 150 g Zwiebeln, 0,1 l trockener Weißwein, 0,4 l Crème fraîche, 80 g Butter, 3 EL Erdnußöl, 1 1/2 Fleischbrühwürfel, Salz, Pfeffer, Paprika.

Das Fleisch in 1,5 cm breite und 4 cm lange Streifen schneiden, mit Salz und etwas Paprika würzen.

Die Hälfte der Butter und das Öl in einer Pfanne erhitzen. Sobald die Butter schön braun ist, das Fleisch hineingeben, bei starker Hitze anbraten, es sollte innen blutig bleiben. Aus der Pfanne nehmen und warm stellen.

Verbrannte Rückstände aus der Pfanne entfernen, diese wieder auf den Herd stellen und die Zwiebeln 3 bis 4 Minuten darin anschwitzen lassen, ohne daß sie Farbe annehmen. Mit dem Weißwein ablöschen. Auf die Hälfte einkochen sowie die Sahne, die Brühwürfel und zwei Messerspitzen Paprika hinzufügen, gründlich mit dem Schneebesen durchrühren und bei milder Hitze etwas einkochen lassen.

Sobald die Sauce dicklich wird, die restliche Butter mit dem Schneebesen unter ständigem Rühren einarbeiten. Fleisch und Sauce miteinander vermengen, abschmecken und sofort servieren.

»Hier ein Rind auf der
Fleischbank (...). Es geht
nicht um die Dinge, die
Rembrandt gemalt hat, son-
dern um seinen Geschmack,
um diese Ideen, die jedem
großen Mann eigen sind ...«
Rembrandt van Rijn, Das
Rind, Musée du Louvre,
Paris.

Schon morgens, ehe wir angekleidet waren, sagte nur in dem vergnügten Bestreben, die Stärke des Gemeinschaftsgefühls zu erproben, der eine zum andern gutgelaunt, herzlich, von einer Art Patriotismus beseelt: »Wir dürfen heute keine Zeit verlieren; bedenke, daß Samstag ist!«, während meine Tante, die sich gerade mit Françoise beriet, in dem Gedanken, daß der Nachmittag länger sein werde als sonst, die Meinung äußerte: »Wie wäre es, wenn wir ihnen einen schönen Kalbsbraten machten?« (In Swanns Welt)

Kalbsbraten im Schmortopf

Rôti de veau en cocotte

ZUTATEN: 1 kg Kalbfleisch aus der Nuß oder der Keule, 3 große Zwiebeln, 3 Knoblauchzehen, 4 große, festkochende Kartoffeln, 50 g Butter, 3 EL Erdnußöl, 50 g geräucherter Speck, 1 Thymianzweig, 2 Lorbeerblätter, Salz, Pfeffer.

Den Ofen auf 180°C vorheizen. Den Speck in feine Scheiben schneiden und den Braten damit umwickeln, festbinden. Salzen und pfeffern. Die Kartoffeln schälen, waschen und vierteln, die Zwiebeln schälen und jeweils in sechs Stücke zerteilen, die Knoblauchzehen schälen.

Das Öl in einem schweren Schmortopf bei starker Hitze heiß werden lassen, den Braten hineingeben und von allen Seiten kräftig anbraten, herausnehmen. Das überschüssige Fett abgießen und bei mittlerer Hitze die Zwiebeln, den Knoblauch, den Thymian und den Lorbeer 1 Minute anbraten. Das Fleisch zugeben, die Butter darüber verteilen und zugedeckt für 45 Minuten in den Ofen schieben.

Nach 15 Minuten die Kartoffelviertel hineingeben. Sollten die Zwiebeln zu stark bräunen, 1 Glas heißes Wasser in den Schmortopf geben, notfalls den Vorgang wiederholen.

Die Fäden vom Braten entfernen, das Fleisch aufschneiden und heiß zusammen mit der Garnitur servieren.

Dazu paßt ein grüner oder gemischter Salat.

(...) Ein Rinderschmorbraten, (...) bei dem das Rindfleisch wirklich den Duft der Karotten angenommen hat (...) (Im Schatten junger Mädchenblüte)

Rinderschmorbraten mit Karotten

Daube de bœuf

ZUTATEN: 1 kg Rindfleisch von der Schulter oder der Keule, 300 g frischer Schweinebauch, 500 g Karotten, 200 g Zwiebeln, 100 g Champignons, 100 g Tomaten, 1 Bouquet garni, ½ Knoblauchzehe, 1½ l Rotwein, Salz, Pfeffer.

Bitten Sie Ihren Metzger, das Rindfleisch in Würfel und das Schweinefleisch in dünne Scheiben zu schneiden.

Am Vortag den Rotwein und das Fleisch in eine Schüssel geben und leicht würzen. Zugedeckt im Kühlschrank 24 Stunden marinieren lassen.

Wände und Boden vorzugsweise einer feuerfesten Form aus Ton oder, falls nicht vorhanden, eines Schmortopfes mit den Speckstreifen auskleiden. Das Fleisch aus der Marinade nehmen und abtropfen lassen.

Die Karotten putzen, waschen und in 5 mm dicke Scheiben schneiden. Die Zwiebeln schälen und in dünne Scheiben schneiden. Die Champignons putzen und vierteln. Die Tomaten häuten, die Kerne entfernen und vierteln. Den Knoblauch schälen.

In den Ton- oder Schmortopf eine Schicht aus Karotten, Zwiebeln und Champignons geben, das Fleisch darauflegen, das restliche Gemüse zusammen mit den Tomaten, dem Knoblauch und dem Kräuterstrauß darüber verteilen, würzen und die Marinade darübergießen. Eventuell mit Wasser auffüllen, bis das Fleisch bedeckt ist, und zugedeckt für ungefähr 4 Stunden bei 120 bis 130°C in den Ofen schieben.

Dazu passen frische Teigwaren.

*E*s war auch die Rede von dem kleinen Schmortopf. Das erste Mal, als er ihn erwähnte, wußte ich gar nicht, was er damit meinte. Und er, der es wußte, weil er das Gericht gegessen hatte, war hinsichtlich des Rezepts in ungefähr der gleichen Lage. »Ich kann es Ihnen nicht sehr gut erklären«, sagte er. »Ich glaube, da kommen ausgewählte Stücke Rindfleisch hinein, Hühnermägen und eine Menge anderer kleiner Dinge. Und das muß lange auf kleinem Feuer schmoren. Aber es schmeckt köstlich.« (Céleste Albaret, Monsieur Proust)

Kleiner Schmortopf

Petite marmite

ZUTATEN: 1 kg Rindfleisch aus der Keule, 1½ kg Querrippe, 200 g Karotten, 150 g weiße oder Teltower Rüben, 150 g Staudensellerie, 200 g junger Lauch, 200 g Wirsing, 8 Hühnerflügel, 4 Markknochen, 20 Scheiben Baguette, 12 kleine Zwiebeln, 2 Brühwürfel, Erdnußöl, geriebener Gruyère (nach Belieben), grobes Salz, grob zerstoßener Pfeffer.

Das Rindfleisch in einen großen Kochtopf geben, mit kaltem Wasser bedecken und leicht salzen. Zum Kochen bringen. Allen aufsteigenden Schaum von der Oberfläche entfernen. Die Brühwürfel hinzugeben. Die Markknochen einige Zeit unter fließendes kaltes Wasser geben, um das Blut zu entfernen. Das Gemüse putzen und waschen. Die Karotten, die Rüben und den Sellerie in 5 mm lange und 3 mm breite Stifte schneiden. Den Lauch in 3 mm breite Scheiben schneiden. Die Zwiebeln schälen und zusammen mit den Hühnerflügeln in etwas heißem Öl in einer Pfanne anbraten. Sobald sie Farbe angenommen haben, mit dem Gemüse (außer dem Kohl) in den Topf zu dem Fleisch geben, wieder zum Kochen bringen und 2 Stunden leise köcheln lassen.

Den Kohl vorbereiten: Die äußeren Blätter, den Strunk und die dicken Rippen entfernen, den Rest waschen und 5 Minuten in Salzwasser blanchieren. An-

schließend mit fließendem, kaltem Wasser abschrecken, abtropfen lassen und beiseite stellen.

Nach 2 Stunden die Rübchen aus der Bouillon nehmen, da die Bouillon sonst zu stark nach ihnen schmeckt. Den Lauch ebenfalls herausnehmen. Den abgetropften Kohl hineingeben, 30 Minuten köcheln lassen. Die Markknochen zufügen, weitere 30 Minuten simmern lassen. Prüfen, ob das Fleisch gar ist. Wenn ja, die Gemüse herausnehmen (den Kohl separat zur Seite stellen), auf vier kleine irdene oder andere Suppenschüsseln verteilen, in jede davon einige Rübchenstifte und Lauchscheiben geben. Die Markknochen herausnehmen.

Aus dem Kohl vier kleine Kugeln formen, indem man je ein großes Kohlblatt auf ein Tuch legt, die kleineren werden gehackt und auf die Kohlblätter gehäuft. Man legt die vier Enden des Tuches zusammen und dreht das Ganze so lange, bis eine Kugel entsteht. Die Kugeln zusammen mit den Hühnerflügeln und dem Fleisch in die kleinen Schüsseln geben. Die Bouillon durch ein mit einem Tuch ausgelegtes Sieb gießen (die Bouillon muß klar sein und eine schöne, braune Farbe haben). Die Bouillon aufkochen lassen und abschmecken. In die Suppenschüssel gießen.

Die Brotscheiben rösten, mit Markscheiben belegen, auf die Suppenschüsseln geben und mit etwas zerstoßenem Pfeffer bestreuen. Heiß servieren. Den geriebenen Käse extra dazu reichen.

WILD UND GEFLÜGEL

»Wir müssen schnell nach Hause, denn heute gibt es bei uns Ihre berühmten Hasen, die übrigens schon ganz herrlich duften.« (Jean Santeuil)

Hasenpfeffer

Civet de lièvre

ZUTATEN: 1 mittelgroßer Hase, 2 l Rotwein, 200 g magerer Speck, 200 g Zwiebeln, 20 rohe (!) Perlzwiebeln, 2 Knoblauchzehen, 2 EL Mehl, 20 kleine Champignons, 80 g Petersilie, 1 Bouquet garni, 100 g Butter, Bier, 4 Scheiben Weißbrot, 2 EL Essig, grobes Salz, feines Salz, Pfeffer. ZUTATEN FÜR DIE MARINADE: 2 EL Cognac, 2 EL Olivenöl, 100 g Zwiebeln, Salz, Pfeffer.

Am Vortag dem Hasen das Fell abziehen und das Tier zerlegen. Die Leber und das Blut zusammen mit 2 EL Essig in eine Schüssel geben und im Kühlschrank aufbewahren (ohne Essig gerinnt das Blut; notfalls kann man das Rezept auch ohne frisches Blut zubereiten). 100 g Zwiebeln schälen und hacken. Alle Zutaten für die Marinade in eine große Schüssel geben, gut miteinander vermengen, die Hasenstücke hineinlegen, salzen und pfeffern. Eine Nacht im Kühlschrank ziehen lassen, die Fleischstücke ab und zu wenden.

Die Schwarte vom Speck entfernen, den Speck würfeln. In einen Topf geben, mit kaltem Wasser bedecken, zum Kochen bringen und 4 Minuten blanchieren. Unter fließendem, kaltem Wasser spülen und auf einem Tuch abtropfen lassen. Den Knoblauch, die Champignons, die Perlzwiebeln und die großen Zwiebeln putzen (die großen Zwiebeln kleinhacken).

In einem Schmortopf 30 g Butter erhitzen, die Speckwürfel hineingeben und von allen Seiten anbraten. Sobald sie kräftig Farbe angenommen haben, herausnehmen. Die Hasenteile (abgetropft und trockengetupft) hineingeben und von allen Seiten anbraten, bis sie schön gebräunt sind. Herausnehmen. Die Zwiebeln in das heiße Fett geben, Bier zugießen, mit Mehl bestäuben, kräftig umrühren, so daß eine helle Mehlschwitze entsteht. Mit dem Rotwein ablöschen und unter ständigem Rühren zum Kochen bringen, Knoblauch und Bouquet garni hinzufügen. Alle Zutaten wieder in den Schmortopf geben, mit dem groben Salz würzen, pfeffern und bei milder Hitze ca. 1 Stunde köcheln lassen.

Währenddessen die Perlzwiebeln in etwas Butter anschwitzen, bis sie leicht gebräunt sind. Die Champignons waschen, gut abtropfen lassen und in etwas Butter anbraten. Sobald sie gar sind, beiseite stellen. Den ausgetretenen Saft zum Fleisch geben. Die Weißbrotscheiben bei niedriger Temperatur in einer Pfanne in heißer Butter rösten. Nach dem Garen die Hasenstücke aus dem Schmortopf nehmen und zusammen mit den Champignons und den Zwiebeln in einen Topf geben. Die Hasenleber anbraten und vierteln; beiseite stellen.

Die Sauce in dem Schmortopf zum Kochen bringen, vom Feuer nehmen und das Blut unter kräftigem Rühren einarbeiten. Die Sauce durch ein Sieb über das Fleisch gießen und etwas abkühlen lassen (sie darf auf keinen Fall mehr kochen).

Das Fleisch auf einer vorgewärmten Servierplatte anrichten, mit den gerösteten Brotscheiben umlegen, die Leber darauf verteilen und mit gehackter Petersilie bestreuen. Die Sauce getrennt dazu reichen.

Zum Hasenpfeffer passen frische Nudeln oder überbackener Sellerie.

»Er vertraut Ihnen die Geheimnisse an, die sie [die Objekte auf seinen Bildern] ihm verraten haben; sie verbergen sich nicht mehr vor Ihnen (...). Das Stilleben wird lebendig. Wie das Leben hat es immer etwas Neues zu sagen (...) und Geheimnisse zu enthüllen: Das Alltagsleben wird Sie bezaubern, wenn Sie einige Tage seiner Malerei zuge-hört haben wie einem Lehrer; haben Sie das Leben seiner Malerei begriffen, dann haben Sie die Schönheit des Lebens sich zu eigen gemacht.«

Jean-Baptiste Chardin, Toter Hase mit rotem Rebhuhn und Pomeranze, Musée de la Chasse et de la Nature, Paris.

Übrigens war ich selbst noch vor ihr in der Küche gewesen. Denn ich hatte mir von der pazifistischen, aber grausamen Françoise ausdrücklich versichern lassen, sie werde das Kaninchen, das sie schlachten mußte, nicht unnötig leiden lassen, hatte jedoch über seinen Tod noch keinen Bericht erhalten; Françoise versicherte mir, daß alles denkbar gut abgelaufen sei und zudem sehr schnell: »Ich habe niemals so ein Tier erlebt; es ist gestorben, ohne einen Laut von sich zu geben; man hätte meinen können, es ist stumm.« (Im Schatten junger Mädchenblüte)

Kaninchen mit Speck

Lapin au lard

Zutaten: 1 Kaninchen à ca. 1,3 kg, 200 g geräucherter Speck am Stück, 600 g festkochende Kartoffeln, 150 g gehackte Zwiebeln, ¼ l trockener Weißwein, 1 EL Öl, 30 g gehackte Petersilie, Salz.

Bitten Sie Ihren Händler, das Kaninchen in acht Teile zu zerlegen.

Den Speck fein würfeln, mit etwas kaltem Wasser in einen kleinen Topf geben, zum Kochen bringen, 1 Minute blanchieren, die Speckwürfel in kaltes Wasser geben und beiseite stellen.

Die Kartoffeln schälen und mit einem Tuch säubern (wenn nötig, schnell waschen), in 2 × 2 cm große Würfel schneiden, in einem sauberen Tuch aufbewahren.

Die Kaninchenteile salzen.

Das Öl in einem Schmortopf heiß werden lassen, die Fleischstücke darin von allen Seiten anbraten. Sobald sie eine schöne Farbe angenommen haben, wieder herausnehmen, die (abgetrockneten) Speckwürfel hineingeben, sobald sie Farbe angenommen haben, herausnehmen und auf Küchenkrepp abtropfen lassen. Die Kartoffelwürfel in den Schmortopf geben, bräunen, mit einem Schaumlöffel wieder herausnehmen und abtropfen lassen. Die Zwiebeln in den Topf geben, anbraten, den Wein zugießen und auf ein Viertel einkochen lassen.

Die Kaninchenteile wieder in den Schmortopf geben und mit so viel Wasser auffüllen, bis sie eben bedeckt sind. Zugedeckt bei mittlerer Temperatur 20 Minuten garen. Die Kartoffel- und Speckwürfel hinzufügen. Weitere 15 Minuten garen, dabei ab und zu vorsichtig umrühren. Prüfen, ob das Fleisch gar ist. Abschmecken.

Die Kaninchenteile auf einer vorgewärmten Servierplatte anrichten, mit der Sauce übergießen und die Kartoffeln darübergeben. Mit der gehackten Petersilie garnieren und auftragen.

»Saint-Loup mit dem ehernen Helm, nimm doch noch ein wenig von dieser Ente mit den fetttriefenden Schenkeln, auf welche der hochberühmte Opferer zahllose Spenden roten Weines ergoß.« (Im Schatten junger Mädchenblüte)

Wildente mit Preiselbeeren

Canard sauvage aux airelles

Zutaten: 2 kleine Wildenten, 2 l Rotwein, 50 g Zucker, 50 g Preiselbeeren, in Sirup eingelegt, 50 g Zwiebeln, 50 g Butter, 0,2 l Essig, etwas Zitronenschale, etwas Orangenschale (Streifen von 3 cm Breite), 1 Stück Zimtstange (1 cm lang), 20 Korianderkörner, 20 Pfefferkörner, 3 Basilikumblätter, 1 Bouquet garni mit doppelter Portion Sellerie, 1 EL Maizena, Salz, Pfeffer aus der Mühle.

Den Ofen auf 180°C vorheizen. Den »Essig-Karamel« vorbereiten: In einer Kasserolle den Zucker Farbe annehmen lassen, den Essig zugießen und die Flüssigkeit vollständig verdampfen lassen. Mit 1 l Rotwein auffüllen, die Koriander- und Pfefferkörner, die Zitronen- und Orangenschale und den Zimt zugeben und bei niedriger Temperatur köcheln lassen, bis alle Flüssigkeit verdampft ist.

Die Enten sorgfältig rupfen, abflammen und binden. Salzen und pfeffern. Einen feuerfesten Schmortopf schnell erhitzen, die Enten mit der Brustseite hineinlegen. Wenn sich die Poren geschlossen haben, für ungefähr 10 Minuten in den Ofen schieben. Den Topf aus dem Ofen nehmen und die Enten 20 Minuten ruhen lassen. Anschließend die Brüste und Schenkel abtrennen und warm stellen.

Die Zwiebeln schälen und hacken. Die Karkasse kleinhacken und zusammen mit den Zwiebeln in den Schmortopf geben. Sobald alles auf dem Herd gut Farbe angenommen hat, mit dem zweiten Liter Wein ablöschen, zum Kochen bringen und das Bouquet garni sowie die Basilikumblätter hinzufügen. Den »Essig-Karamel« einrühren und bei niedriger Temperatur köcheln lassen. Die Flüssigkeit soll ungefähr um die Hälfte reduziert werden, so daß genügend Sauce für vier Personen übrigbleibt. Bei Bedarf mit der in Wasser aufgelösten Maizena binden. Die Preiselbeeren und 1 EL Butter zufügen und die Sauce vorsichtig umrühren. Die Entenbrüste schräg aufschneiden, vorsichtig warm werden lassen, auf einem Teller fächerartig anrichten und mit der Sauce überziehen.

Die Schenkel noch etwa 15 Minuten grillen und nach den Brüstchen auf einem Salatbett oder zum Nachnehmen servieren.

Dazu paßt ein Püree aus Eßkastanien.

Die Freundinnen der Herzogin änderten sich bei der Prinzessin von Guermantes, sobald sie sich nicht in der Begleitung derer befanden, die mir vertraut waren. Plötzlich erinnerte ich mich aufgrund ihrer engen Bekanntschaft mit der Prinzessin von Hessen daran, daß ich vergessen hatte, mir, bevor ich zur Herzogin hinunterging, ins Gedächtnis zu rufen, welche Rolle die Marquise von Arpajon und die Herzogin von Souvré spielten und welche ihre Vorfahren gespielt hatten, denn ich empfand die Anwesenheit der Damen von Arpajon und von Souvré, mit der zu rechnen war, als einen gewöhnlichen, unerläßlichen Bestandteil des Diners wie ein gebratenes Hühnchen auf Jägerart oder ein Bœuf Stroganow. (Sodom und Gomorra)

Hähnchen auf Jägerart

Poulet sauté chasseur

ZUTATEN: 1 Hähnchen à 1½ kg, 80 g Butter, 5 knappe EL Erdnußöl, 200 g Champignons, 30 g gehackte Schalotten, 1 Brühwürfel oder 0,2 l Kalbsfond, 0,5 dl trockener Weißwein, 3 EL Cognac, ½ EL kleingeschnittener Estragon, ½ EL kleingeschnittener Kerbel, Salz, Pfeffer.

Bitten Sie Ihren Händler, das Hähnchen auszunehmen und zu zerlegen.

Die Champignons waschen, abtropfen lassen und hacken. Den Ofen auf 200°C vorheizen. Die Hähnchenstücke salzen und pfeffern.

In einem großen Schmortopf die Butter zusammen mit dem Öl heiß werden lassen. Sobald das Fett raucht, die Hähnchenstücke mit der Hautseite nach unten hineingeben. Sobald sie Farbe angenommen haben, wenden. Anschließend den Topf für 18 Minuten in den Ofen schieben. Mit einem spitzen Messer in die größeren Fleischstücke stechen: Ist der austretende Saft noch rosa, die Garzeit um einige Minuten verlängern. Sobald das Fleisch gar ist, aus dem Schmortopf nehmen.

Das Fett abgießen. Die Schalotten in den Topf geben und bei niedriger Temperatur andünsten, dabei ständig mit einem Holzlöffel umrühren. Die Champignons hineingeben, die Hitze erhöhen und die Flüssigkeit verdampfen lassen. Mit dem Cognac flambieren. Mit Weißwein ablöschen, um drei Viertel einkochen lassen, den Brühwürfel oder, besser, den Kalbsfond zugeben, mit Salz und Pfeffer abschmecken und 4 bis 5 Minuten leicht köcheln lassen. Die restliche Butter mit dem Schneebesen einmontieren. Abschmecken.

Die Hähnchenteile auf einer Servierplatte einige Minuten im Backofen heiß werden lassen. Vor dem Servieren mit der Sauce überziehen und mit dem feingeschnittenen (nicht gehackten) Estragon und dem Kerbel bestreuen.

Monsieur Guermantes hatte erklärt (nach dem Gespräch über die Spargel von Elstir und dem Genuß derjenigen, die im Anschluß an das »Poulet financière« auf den Tisch gekommen waren), daß die grünen, gesproßten Stengel (…) mit Eiern gegessen werden sollten. »Den einen freut's, den anderen reut's und umgekehrt«, hatte Monsieur de Bréauté dazu bemerkt. »In der Provinz Kanton in China kann man dem Gast kein eleganteres Gericht vorsetzen als durch und durch verfaulte Schnepfeneier.«
(Die Welt der Guermantes)

Hühnerfrikassee mit Madeira

Fricassée de poulet financière

ZUTATEN: 1 Hühnchen à 1½ kg, 100 g magerer Schinken, 300 g Champignons, 100 g Butter, 100 g Nieren vom Hahn, 100 g Hahnenkämme, 0,4 l Madeira, 0,1 l Kalbsfond oder 1 Brühwürfel, 5 g grob zerstoßener Pfeffer, 2 Lorbeerblätter, 1 Thymianzweig, 10 g gehackte Petersilie, 4 Scheiben Weißbrot, grobes Salz, Pfeffer.

Lassen Sie das Hühnchen von Ihrem Händler in acht Teile zerlegen.

Den Schinken würfeln. Die Hühnerstücke von allen Seiten salzen. Die Champignons waschen und trockentupfen, die Stiele von den Köpfen trennen.

30 g Butter erhitzen, die Hühnerstücke darin von allen Seiten leicht anbräunen, herausnehmen. Die Champignonstiele in die Kasserolle geben, kurz anbraten, den Schinken, den Lorbeer, den Thymian und den zerstoßenen Pfeffer zufügen. Etwas anschwitzen lassen, dabei von Zeit zu Zeit umrühren. Mit 0,2 l Madeira ablöschen. Bei milder Hitze einkochen lassen, bis alle Flüssigkeit verdampft ist. Den in etwas Wasser aufgelösten Brühwürfel oder, besser, den Kalbsfond sowie die Hühnerschenkel hinzufügen. Leise köcheln lassen. Nach 10 Minuten die restlichen Hühnerstücke zufügen.

Die Rinde der Weißbrotscheiben entfernen; die Scheiben zu Herzen zurechtschneiden und in etwas schäumender Butter in der Pfanne rösten. Die Hahnenkämme mindestens 20 Minuten in Salzwasser kochen. Mit fließendem, kaltem Wasser abschrecken und trockenreiben. Die Haut von den Hähnchennieren abziehen.

Die Champignonköpfe in etwas heißer Butter anbraten, bis sie Farbe annehmen. Beiseite stellen; den ausgetretenen Saft zu den Hühnerteilen geben. Die Nieren in heißer Butter Farbe annehmen lassen. Die Hühnerstücke aus der Kasserolle nehmen und in eine zweite Kasserolle geben. Die Sauce durch ein feines Sieb in einen kleinen Topf gießen, zum Kochen bringen und abschmecken. Den Rest des Madeiras unterrühren sowie 1 gehäuften EL Butter einarbeiten. Die Champignons, die Hahnenkämme sowie die Nieren hineingeben und 10 Minuten bei niedriger Temperatur garen lassen.

Auf jeden Teller ein Weißbrot in Herzform geben, ein Stück Huhn darauflegen, mit der Garnitur umlegen und mit gehackter Petersilie bestreuen.

Wir aßen ausgezeichnete Perlhühner, die von der Kantinenwirtin für einen Freund des Herrn Marquis besonders sorgfältig zubereitet worden waren, und tranken dazu Champagner Clicquot. (Die Welt der Guermantes, Skizze XV).

Perlhühner in Champagner

Perdreaux au champagne

ZUTATEN: 4 Perlhühner, 8 Knoblauchzehen, 4 Lorbeerblätter, 4 Thymianzweige. ZUTATEN FÜR DIE FARCE: Leber der Perlhühner, 1 gehackte Schalotte, ½ l Champagner, 1 TL gehackte Petersilie, 4 Scheiben Baguette, Salz, Pfeffer.

Bitten Sie Ihren Händler, die Perlhühner vorzubereiten.

Den Ofen auf 220°C vorheizen. In einer Schmorpfanne 1 EL Butter mit einem kleinen Schuß Öl heiß werden lassen, die Perlhühner hineingeben und von allen Seiten

Edouard Manet, Spargel,
Wallraf-Richartz-Museum,
Köln.

Farbe annehmen lassen. Den Knoblauch, den Lorbeer und den Thymian zufügen und die Pfanne für etwa 15 Minuten in den Ofen schieben. Sobald die Perlhühner gar sind, aus der Pfanne nehmen und 15 bis 20 Minuten ruhen lassen. Den Bratensatz mit etwas heißem Wasser lösen und zur Seite stellen. (Den Ofen anlassen.)

In einer kleinen Pfanne die gehackte Schalotte sanft anbraten, die Lebern und den Champagner zugeben. Sobald alle Flüssigkeit verdampft ist, aus der Pfanne nehmen und die Masse mit einem Messer sehr fein hacken.

Edouard Manet, Spargel,
Wallraf-Richartz-Museum,
Köln.

Mit Salz und Pfeffer abschmecken. Die vier Endstücke der Baguettes buttern und mit der Farce bestreichen.

Die Perlhühner zerlegen und 3 Minuten in den 220°C heißen Ofen geben. Die Baguettes und die Sauce extra dazu reichen.

NACHSPEISEN

»Was ist das für eine Sache, die wir hier essen, die eine so hübsche Farbe hat?« fragte Ski. — »Das nennt sich Erdbeerschaum«, sagte Madame Verdurin. »Aber das ist ja be-zau-bernd. Man müßte dazu ein paar Flaschen Château-Margaux, Château-Lafite oder Portwein aufmachen.« — »Ich kann Ihnen gar nicht sagen, wie komisch er ist, er selbst trinkt nämlich nur Wasser«, bemerkte Madame Verdurin, um hinter dem angeblichen Vergnügen, das sie an solchen Phantasien fand, das Grauen vor so viel Verschwendung zu verbergen. (Sodom und Gomorra)

Ihre Gourmandise fand ihre Befriedigung in der täglichen unveränderlichen Wiederholung des Lieblingsmenüs, und das Warten auf das gleiche Omelett, die gleichen Bratkartoffeln, das gleiche Pfirsichkompott erweckte in ihr schon viele Stunden zuvor die Vorstellung des kommenden Vergnügens, das man nicht enttäuschen durfte, indem man etwa Rühreier auftrug, die sie »ihres Omeletts beraubt hätten«, oder einen Rahmkäse, dessen Anblick ihr die melancholische Botschaft vermittelt hätte, vor dem nächsten Tag gäbe es kein Kompott mehr. (In Swanns Welt, Skizze XVIII)

Erdbeerschaum

Mousse de fraise

Zutaten: 600 g Erdbeeren, 4 Eiweiß, 100 g + 30 g Zucker, 2 Blatt Gelatine, $^1/_2$ Zitrone.

Die Gelatine in kaltem Wasser einweichen. Die Erdbeeren waschen, abtropfen lassen, die Stiele entfernen und die Früchte in den Mixer geben. 200 g davon beiseite stellen, es wird mit dem Schaum serviert.

Die restlichen 400 g mit dem Zucker und dem Saft der halben Zitrone gut vermengen. Diese Mischung in einem kleinen Topf leicht erhitzen und darin die gut ausgedrückte Gelatine auflösen.

Das Eiweiß steif schlagen; sobald es richtig steif ist, 30 g Zucker einarbeiten. Die abgekühlte Erdbeermasse vorsichtig mit dem geschlagenen Eiweiß vermischen.

Den Erdbeerschaum in Portionsförmchen füllen und über Nacht in den Kühlschrank stellen.

Sehr kalt mit dem Erdbeerpüree servieren.

Pfirsichkompott

Compote de pêches

Zutaten: 1,6 kg Pfirsiche, 160 g Zucker, 1 Zitrone.

Die Pfirsiche schälen, die Kerne entfernen, das Fruchtfleisch in feine Spalten schneiden. Die Pfirsiche, den Zucker und den Saft einer halben Zitrone in eine schwere Kasserolle geben.

Zum Kochen bringen und bei milder Hitze 45 Minuten garen; dabei von Zeit zu Zeit vorsichtig umrühren. Die Pfirsiche herausnehmen, wenn alle Flüssigkeit verdampft ist.

Dazu feingeschnittene Pfefferminzblätter reichen.

Meine Mutter versprach sich noch viel von dem Ananas- und Trüffelsalat. (Im Schatten junger Mädchenblüte)

Ananas- und Trüffelsalat

Salade d'ananas et de truffes

ZUTATEN: 1 frische Ananas, 1 frische Trüffel, 1 Dose Trüffelessenz.

Die Ananas schälen, in dünne Scheiben schneiden, die holzige Mitte entfernen.

Die Trüffel unter klarem Wasser waschen, ebenfalls in dünne Scheiben schneiden.

In eine Schüssel abwechselnd Ananas- und Trüffelscheiben einschichten. Die Trüffelessenz darübergießen. Die Schüssel mit einer Klarsichtfolie verschließen und 2 Stunden in den Kühlschrank stellen; die Schüssel dabei von Zeit zu Zeit vorsichtig bewegen, damit sich das Aroma der Trüffel gleichmäßig verteilt.

Wenn sie also glücklich aussah, weil sie zur »Reine Topaz« gehen konnte, oder ihr Blick ernst, sorgenvoll und eigensinnig wurde aus Angst, sie könne das Blumenfest oder auch nur die Teestunde im »Thé de la Rue Royale« mit Muffins und Toasts versäumen (…), sah Swann (…) deutlich die Seele seiner Geliebten auf ihrem Gesicht erscheinen, so daß er nicht widerstehen konnte, sie darauf mit einem Kuß zu berühren. (In Swanns Welt)

Muffins

ZUTATEN: 250 g + 50 g Mehl, 0,5 dl Milch, 7 g Hefe, 7 g feines Salz, 1 EL Butter.

250 g Mehl durchsieben. Die Hefe in der lauwarmen Milch auflösen. In einer Schüssel Mehl, Salz, Milch und Hefe zu einem glatten Teig verarbeiten. Diesen zu einer Kugel formen. In eine Schüssel geben, mit einem sauberen Tuch abdecken und den Teig an einem warmen Ort 1½ Stunden gehen lassen.

Den Teig auf der gut bemehlten Arbeitsfläche dick ausrollen, Stücke in der Größe eines Eis abstechen, zu Kugeln formen und an einem warmen Ort gehen lassen.

Die Butter zerlassen. Sobald die Teigkugeln das doppelte Volumen erreicht haben, mit flüssiger Butter bepinseln, in kleine, runde Förmchen setzen oder, falls nicht vorhanden, direkt auf das Backblech. Ungefähr 20 Minuten bei 180°C backen.

Servieren Sie die Muffins noch warm mit Butter oder Konfitüre zum Nachmittagstee.

(…) »Ich finde, sie sehen ausgezeichnet aus«, antwortete Madame Cottard, »bei Ihnen, Odette, kommt man in kulinarischer Hinsicht ja niemals zu kurz. Ich brauche gar nicht erst zu fragen, woher diese Herrlichkeiten sind; ich weiß, Sie beziehen alles von Rebattet. Ich muß sagen, ich verfolge da eine eklektischere Methode. Petits fours, überhaupt alle Kleinigkeiten, kaufe ich oft auch bei Bourbonneux. Aber ich gebe zu, vom Eis verstehen sie dort nichts. Für Bavaroise oder Sorbet ist Rebattet der Künstler. Was er macht, ist — wie mein Mann sagen würde — einfach ›non plus ultra‹.« (Im Schatten junger Mädchenblüte)

Bayerische Creme mit Kaffee

Bavaroise au café

ZUTATEN: 4 Eier, 0,3 l Milch, 0,4 l Sahne, 90 g Zucker, 3 EL Kaffee-Extrakt, 5 Blätter weiße Gelatine.

Die Gelatine in kaltem Wasser einweichen.

Die Milch zusammen mit 0,1 l Sahne zum Kochen bringen. Die Eigelb zusammen mit dem Zucker in einer Schüssel mit dem Schneebesen aufschlagen, bis die Masse weiß und schaumig ist. Das Gemisch aus Milch und Sahne unterrühren. Die Masse in eine Kasserolle füllen und bei milder Hitze köcheln lassen; dabei ständig mit einem Holzlöffel umrühren. Sobald die Creme an dem Holzlöffel hängen bleibt (nach ungefähr 5 bis 7 Minuten), ist sie fertig.

Die Gelatine ausdrücken und zusammen mit dem Kaffee-Extrakt in die Creme rühren. Gut vermengen, durch ein feines Sieb passieren. In eine Schüssel gießen und abkühlen lassen; dabei von Zeit zu Zeit umrühren.

Die restliche Sahne ohne Zucker steif schlagen und unter die erkaltete, aber immer noch flüssige Creme ziehen. In eine Form von 10 cm Durchmesser und etwa 8 bis 10 cm hoch füllen und 1 Stunde in den Kühlschrank stellen. Kurz vor dem Servieren stürzen.

Zur bayerischen Creme schmeckt eine Vanillecreme (siehe Seite 185).

Das Wort Weihnacht war übrigens bei Madame Swann und Gilberte unbekannt; sie hatten es durch Christmas ersetzt und sprachen nur vom Christmaspudding, von den Geschenken, die sie zu Christmas bekommen hätten, und von ihrer Absicht — ich wurde rasend vor Schmerz dabei —, zu Christmas zu verreisen. Selbst zu Hause hätte ich mich geschämt, noch von Weihnachten zu reden, und sprach nur von Christmas, was mein Vater ungemein lächerlich fand. (Im Schatten junger Mädchenblüte)

Christmaspudding

ZUTATEN: 125 g Rindernierenfett, 125 g Smyrna-Rosinen, 125 g Korinthen, 100 g kandierte Früchte, 40 g Mandeln, 125 g Paniermehl, 30 g Mehl, 1 Zitrone, 5 g Quatre épices, 5 g gemahlener Zimt, 3 Messerspitzen Muskat, 0,1 l Milch, 2 Eier, $^{1}/_{2}$—1 dl Rum, Salz.

Das Nierenfett würfeln. Die Schale einer halben Zitrone dünn abschälen und kleinschneiden, die Zitrone auspressen. Die Rosinen waschen und gründlich abtropfen lassen. Die kandierten Früchte in Würfel schneiden. In einer Schüssel alle Zutaten außer der Milch, den Eiern und dem Rum mit einem Holzlöffel gut vermengen und mit einer Messerspitze Salz abschmecken.

Den Ofen auf 130°C vorheizen. Die Eier einzeln in die Masse einarbeiten. Unter ständigem Rühren die Milch und den Rum unterziehen. Die Masse muß homogen sein. Eine mittelgroße, feuerfeste Terrine mit Pergamentpapier oder Aluminiumfolie auslegen, die Ränder überstehen lassen. Die Puddingmasse einfüllen, das Papier über der Masse zusammenschlagen und im Ofen im Wasserbad $3^{1}/_{2}$ Stunden garen.

Den Pudding aus dem Ofen nehmen und abkühlen lassen, in Aluminiumpapier hüllen und mindestens 1 Stunde kalt stellen.

Vor dem Servieren 1 Stunde in einem Wasserbad anwärmen, stürzen und mit Rum oder Schnaps flambieren.

»Es war dies recht eigentlich eine Sonntagstorte, die mit Bewunderung angeschaut und an diesen Sonntagmittagen mit dem Blick auf das Gäßchen (…) gegessen wurde.«

Meine Freundinnen zogen die Brötchen vor und wunderten sich, wenn ich nur einen Schokoladenkuchen, der mit krausem Zuckerguß verziert war, oder ein Aprikosentörtchen aß. Doch mit Chester- oder Salatsandwiches, dummen und neumodischen kulinarischen Erfindungen, wußte ich nichts anzufangen. Die Kuchen aber trugen Wissen in sich, die Törtchen waren geradezu mitteilsam. Der etwas fade Cremegeschmack der ersteren und die kühle Frische der Früchte in den Obsttörtchen enthielten so viele Erinnerungen (…). (Im Schatten junger Mädchenblüte)

Aprikosentörtchen

Tartelettes aux abricots

ZUTATEN FÜR DEN TEIG: 100 g Butter, 110 g + 1 EL Mehl, 50 g Puderzucker, 1 Ei, ½ Vanillestange, Salz. ZUTATEN FÜR DAS KOMPOTT: 500 g Aprikosen, 100 g Zucker. ZUTATEN FÜR DIE GARNITUR: 500 g Aprikosen, 75 g Butter, 60 g Puderzucker.

Zubereitung des Teigs: Möglichst die Butter 1 Stunde vor der Zubereitung aus dem Kühlschrank nehmen. Eine Schüssel mit kochendem Wasser ausspülen, schnell und gründlich abtrocknen. Die in kleine Stücke geschnittene Butter hineingeben und mit einem Holzlöffel verrühren, bis sie glatt und geschmeidig ist. (Die Butter aber keinesfalls warm stellen, sie würde sonst schmelzen!) Das Mehl auf eine Arbeitsfläche sieben, die geschmeidige Butter, den Puderzucker, das Eigelb, die Samen der Vanillestange und eine Messerspitze Salz, die in 1 EL Wasser aufgelöst wurde, in die Mitte geben. Die Zutaten mit den Fingerspitzen nach und nach in das Mehl einarbeiten. Den Teig zu einer Kugel formen, in Klarsichtfolie wickeln und im Kühlschrank aufbewahren.

Zubereitung des Kompotts: Die Aprikosen waschen und abtropfen lassen, halbieren, den Kern entfernen und die Früchte zusammen mit dem Zucker sowie 5 EL Wasser in eine Kasserolle geben. Ohne Deckel bei milder Hitze garen, ab und zu umrühren, bis alle Flüssigkeit verdampft ist (ca. 30 Minuten).

Zubereitung der Garnitur: Den Ofen auf 170°C vorheizen. Die Butter zerlassen. Die Aprikosen wie für das Kompott vorbereiten. Die Aprikosenhälften nebeneinander auf ein Backblech legen, mit der flüssigen Butter bestreichen und mit dem Puderzucker bestäuben. Für ca. 15 Minuten in den Ofen schieben (die Aprikosen sollen leicht Farbe annehmen).

Zubereitung der Törtchen: Die Temperatur des Ofens auf 200°C erhöhen. Den Teig ausrollen und Fladen von 10 cm Durchmesser ausstechen. Die Teigfladen in beschichtete Formen geben, die Ränder mit den Fingern hochziehen. 30 Minuten backen. Jedes Törtchen mit 2 EL Kompott füllen, die Aprikosenhälften (ca. 6) darauf anordnen, mit Puderzucker bestäuben und mit etwas Kochflüssigkeit der Aprikosen beträufeln.

Zu den Törtchen schmeckt eine Sauce aus roten Früchten und Vanilleeis gut.

(...) Die Damen der benachbarten Schlösser (...) kamen in ihren Kutschen zur Messe, nicht ohne vor der Rückkehr beim Konditor auf dem Platz, unmittelbar nachdem sie den Schatten des Portals verlassen hatten, über das die Gläubigen durch das Aufstoßen der Klapptür die umherirrenden Rubine des Schiffes säten, ein paar jener turmförmigen, durch eine Markise vor der Sonne geschützten Kuchen zu kaufen — »Manqués«, »Saint-Honorés« und Génoises —, deren müßiggängerischer und süßer Geruch für mich mit den Glocken des Hochamts und der Fröhlichkeit der Sonntage verbunden bleibt. (Tage des Lesens)

Gâteau manqué

Zutaten: 100 g + 1 gehäufter EL Butter, 150 g Mehl, 6 Eier, 200 g Zucker, 1½ Vanillestangen, 0,5 dl Rum, Salz.

100 g Butter in einer schweren Kasserolle zerlassen. In einer Schüssel das Eigelb mit dem Zucker und den Samen der Vanillestangen so lange schlagen, bis die Masse weiß und cremig wird. Nach und nach das durchgesiebte Mehl mit einem Holzlöffel einarbeiten, die zerlassene Butter und den Rum zugeben und weiter rühren, bis eine homogene Masse entsteht.

Die Eiweiß mit einer Messerspitze Salz sehr steif schlagen und nach und nach vorsichtig unter die Eiermasse heben.

Eine Springform von 22 cm Durchmesser ausbuttern, den Teig hineingeben und für 35 Minuten in den auf 200°C vorgeheizten Ofen schieben. Mit einer Metallnadel prüfen, ob der Kuchen gar ist (es darf kein Teig haften bleiben). Den Kuchen aus dem Ofen und der Form nehmen und abkühlen lassen.

Man kann den Kuchen einfach so servieren oder mit einer Creme oder Konfitüre füllen.

Da man aber sonntags spät zu Mittag aß, wurde, obwohl schon die Spaziergänger auf der Straße vorbeizukommen begannen, nun erst die große Apfeltorte gebracht, die gelb war wie die Tür des Neuheitenmagazins (...). Es war dies recht eigentlich eine Sonntagstorte, die mit Bewunderung angeschaut und (...) gegessen wurde. (Jean Santeuil)

Apfelkuchen

Tarte aux pommes

Zutaten: 200 g Blätterteig (tiefgefroren), 500 g Äpfel (Boskop oder Renette), 50 g Butter, 50 g Puderzucker.

Den Ofen auf 200°C vorheizen. Mit dem rund ausgerollten Teig eine Kuchenform auslegen, Überstehendes abschneiden. Die Ränder mit den Fingern eindrücken. Die Äpfel schälen und in feine Scheiben schneiden. Den Teig damit belegen, dabei einen freien Raum von 3 mm Breite zwischen Äpfeln und Rand lassen; die Apfelscheiben eng zu einer Rosette auslegen.

Die Butter zerlassen; mit einem Pinsel die Apfelscheiben mit flüssiger Butter bestreichen. Mit Puderzucker bestäuben. Für 30 Minuten in den Ofen schieben. Während des Backens den Kuchen noch zweimal mit Butter bestreichen und mit Puderzucker bestäuben. Die Äpfel sollen schön braun und der Teig gut durchgebacken sein.

Zum warmen Apfelkuchen schmeckt Vanille-Eis sehr gut. Ziehen Sie einen klassischen Apfelkuchen vor, dann geben Sie zwischen Teig und Äpfel eine Schicht Apfelkompott.

»(...) in der Meierei von Les Aigneaux fanden sie (...) Madame Laudet vor, die (...) den zahlreichen Personen, die unter Apfelbäumen um rohe Holztische saßen (...), eine prachtvolle Büste unter mit schwarzem Soutache benähter grüner Seide, dazu gleichfalls grün bekleidete Arme und einen prunefarbenen Rock darbot. (...) So ging Madame Laudet von Tisch zu Tisch, trug eine Tasse Milch oder ein Glas Apfelwein herbei, immer in dem grünen Kleid, das nur eine unter den anderen Blumen dieses Frühlings der Schöpfung war, dieser in tausend Farben schillernden Blütenpracht einer glücklichen Menschheit, die man als Sonntagsstaat zu bezeichnen pflegt.«

Manche der zwischen den Tischen verkehrenden Kellner jagten, eine Schüssel auf der ausgestreckten Hand, förmlich an uns vorbei; es schien der Zweck dieser Art von sportlichen Läufen zu sein, die Platte nicht fallen zu lassen. Und tatsächlich kamen die Schokoladensoufflés an ihrem Bestimmungsort an, ohne umzustürzen, die Dampfkartoffeln lagen trotz des Galopps, bei dem sie hätten herunterrollen müssen, noch wie am Ausgangspunkt schön um den Lammbraten geordnet da. (Im Schatten junger Mädchenblüte)

(…) Ich war ebenso unfähig, mich zu entscheiden, welchem ich nun eigentlich den Vorzug gäbe, als hätte man mir zum Nachtisch die Auswahl gelassen zwischen Riz à l'Impératrice und Schokoladencreme. (In Swanns Welt)

Schokoladensoufflé

Soufflé au chocolat

ZUTATEN: 125 g feine Kochschokolade, 150 g + 1 gehäufter EL Butter, 200 g + 1 gehäufter EL Zucker, 60 g Mehl, 6 Eier, 0,4 l Milch.

Den Ofen auf 200°C vorheizen. Die Schokolade in Stücke brechen und mit der Milch in eine Kasserolle geben. Zum Kochen bringen. Währenddessen 150 g Butter zu einer glatten Masse verarbeiten (siehe Rezept Aprikosentörtchen, Seite 177) und mit Hilfe eines Holzspachtels das Mehl und 200 g Zucker einarbeiten. Das Milch-Schokoladen-Gemisch kochend heiß dazugießen, gut verrühren und das Ganze wieder in die Kasserolle geben. Zum Kochen bringen. Vom Feuer nehmen, die Eigelb unter kräftigem Rühren einzeln einarbeiten und abkühlen lassen.

Vier kleine Soufflé-Formen (Durchmesser 10 cm) ausbuttern und mit Zucker bestreuen. Die Förmchen wenden, um den überflüssigen Zucker zu entfernen. Die Eiweiß sehr steif schlagen und nach und nach unter die Masse heben.

Die Förmchen mit der Masse füllen und für 20 Minuten in den Ofen schieben. Sofort servieren.

Reis auf Kaiserinart

Riz à l'Impératrice

ZUTATEN: 250 g Rundkornreis, 150 g Zucker, 100 g kandierte Früchte, 1 l Milch, 50 g Butter, 50 g Johannisbeergelee, je $1\frac{1}{2}$ EL Kirschwasser und Maraschino, $1\frac{1}{2}$ g Salz.
ZUTATEN FÜR DIE BAYERISCHE CREME: $\frac{1}{4}$ l Milch, 4 Eier, 40 g Zucker, 0,1 l Schlagsahne, 3 Blätter weiße Gelatine, $\frac{1}{2}$ Vanillestange.

Den Ofen auf 180°C vorheizen. Die Gelatine in kaltem Wasser einweichen. Kirschwasser und Maraschino miteinander vermengen und die kandierten Früchte darin ziehen lassen.

Den Reis in einer Kasserolle mit reichlich Wasser zum Kochen bringen, die Hitze reduzieren und 10 Minuten leise köcheln lassen. Den Reis in ein Sieb gießen und einige Minuten unter fließendem, kaltem Wasser abspülen.

Die Milch in einer feuerfesten Form zum Kochen bringen, die Butter, den Zucker, das Salz und den Reis zugeben. Zum Kochen bringen und 20 Minuten in den heißen Ofen geben. Aus dem Ofen nehmen und mit einer Gabel auflockern.

Die Bayerische Creme zubereiten: Die Vanillestange aufschlitzen und mit einem Messer die schwarzen Samen herauskratzen, zu der Milch geben und aufkochen lassen.

In einer Schüssel Zucker und Eigelb kräftig mit dem Schneebesen verrühren und so lange schlagen, bis die Masse weiß und cremig ist. Die kochende Milch vorsichtig zugießen, dabei ständig mit dem Schneebesen rühren. In eine schwere Kasserolle füllen und wieder aufs Feuer stellen, dabei ständig mit einem Holzlöffel rühren. Die Creme ist fertig, sobald sie leicht dicklich wird (sie darf auf keinen Fall kochen). Durch ein Sieb passieren.

Die in kaltem Wasser eingeweichte Gelatine abtropfen lassen, gut ausdrücken und unter die Creme ziehen. Die kandierten Früchte in den noch lauwarmen Reis rühren. Das Johannisbeergelee zum Schmelzen bringen und eine Savarinform von 16 cm Durchmesser damit ausstreichen. Die Form in den Kühlschrank stellen. Wenn der Reis fast kalt, die Creme aber noch lauwarm ist, die beiden Massen gründlich miteinander vermengen.

Die Sahne schlagen. Vorsichtig unter den Reis heben, den Reis in die Form füllen und für mindestens 3 Stunden in den Kühlschrank stellen. Auf eine runde Platte stürzen und nach Belieben mit kandierten Früchten verzieren.

(…) *Himbeeren, die Monsieur Swann eigens für uns gebracht hatte, Kirschen, weil sie die ersten waren, die der Kirschbaum im Garten nach einer Pause von zwei Jahren wieder trug, Rahmkäse, den ich doch früher immer so gern gegessen hatte, einen Mandelkuchen, weil sie ihn am Abend zuvor bestellt, und eine Brioche, weil es für uns der angemessene Zeitpunkt war, sie von uns aus zum Mahl beizusteuern.* (In Swanns Welt)

Mandelkuchen

Gâteau aux amandes

ZUTATEN: 100 g Mandeln, 80 g Zucker, 3 frische Eier, 1 gehäufter EL Butter, Salz.

Die Mandeln enthäuten und hacken. In einer Schüssel mit einem Holzspachtel Mandeln, Zucker und Eigelb gut miteinander vermengen.

Den Ofen auf 200°C vorheizen. Die Eiweiß sehr steif

schlagen und vorsichtig unter die Masse heben, nicht durchrühren.

Eine Biskuitform von 22 cm Durchmesser mit Butter ausstreichen, mit der Masse füllen und 45 Minuten in den Ofen schieben. Mit einem Metallspießchen prüfen, ob der Kuchen gar ist: Es darf kein Teig daran hängenbleiben.

Die Form aus dem Ofen nehmen, den Kuchen auf ein Gitter stürzen und abkühlen lassen.

Dazu paßt eine mit Kaffee parfümierte Vanillecreme. Man kann den Kuchen auch mit Mousse au chocolat füllen oder aber mit heißer Schokoladensauce überziehen.

Kleine Brioches

Petites brioches

ZUTATEN: 250 g Mehl, 200 g Butter, 4 Eier, 25 g Zucker, 50 g brauner Zucker, 2 EL Milch, 15 g Hefe, 5 g Salz.

Die Hefe in der Milch auflösen. Die Butter zu einer glatten Paste verarbeiten (siehe Aprikosentörtchen, Seite 177). Das Mehl auf die Arbeitsfläche sieben, in die Mitte ein Loch drücken und die in Milch aufgelöste Hefe, 3 Eier, den Zucker und das Salz hineingeben. Die Zutaten nach und nach mit den Fingerspitzen in das Mehl zu einem glatten Teig einarbeiten.

Den Teig in eine Schüssel geben, mit einem sauberen Tuch zudecken und 20 Minuten bei Zimmertemperatur gehen lassen. Danach noch einmal durchkneten, zu einer Kugel formen, in eine Schüssel geben, mit dem Tuch abdecken und für 2 Stunden in den Kühlschrank stellen.

Aus dem Teig zwölf Kugeln formen, auf eine Platte legen und zugedeckt mit einem Tuch 30 Minuten in den Kühlschrank stellen.

Aus dem Kühlschrank nehmen und 2 Stunden bei Zimmertemperatur gehen lassen. Den Ofen auf 200°C vorheizen. Mit einer Gabel ein Eigelb verklöppeln, mit etwas Wasser verdünnen, die Brioches damit bestreichen und mit etwas braunem Zucker bestreuen.

Für 10 bis 15 Minuten in den Ofen schieben. Die Brioches vor dem Servieren etwas abkühlen lassen.

(...) Wenn Madame Swann (...), nach-dem sie einen Besuch zur Tür geleitet hatte, einen Augen-blick flüchtig eintrat (...), stellte sie mit erstaunter Miene fest:

»Ja schau, das sieht aber gut aus, was ihr da habt. Ich bekomme direkt Appetit, wenn ich euch euren Cake essen sehe.« (Im Schatten junger Mädchenblüte)

Englischer Kuchen mit Rosinen

Cake aux raisins

ZUTATEN: 250 g Korinthen, 125 g + 10 g Butter, 125 g Zucker, 180 g Mehl, 3 Eier, 1 Päckchen Backpulver, Salz.

Die Butter zu einer glatten Masse verarbeiten (siehe Aprikosentörtchen, Seite 177). Die Korinthen in lauwarmem Wasser quellen lassen. In einer Schüssel die Butter mit dem Zucker und einer Messerspitze Salz vermischen, die Eier einzeln mit einem Holzlöffel einarbeiten. Die Korinthen abgießen und mit einem Tuch trockenreiben. In einer zweiten Schüssel das Mehl, das Backpulver und die Rosinen miteinander vermischen. Dann die Inhalte beider Schüsseln gut miteinander vermengen, 30 Minuten ruhen lassen.

Den Ofen auf 220°C vorheizen. Die restliche Butter zerlassen, eine 23 cm lange Kastenform damit ausstreichen. Die Form mit Back- oder Pergamentpapier auskleiden, dabei die Winkel so zuschneiden, daß das Papier gut an den Wänden haftet. Auch das Papier mit Butter ausstreichen.

Den Teig in die Form füllen und in den Ofen schieben. Nach 10 Minuten die Temperatur auf 180°C herunterschalten. Nach weiteren 35 Minuten mit Hilfe eines Metallspießchens prüfen, ob der Kuchen gar ist: Es darf kein Teig hängenbleiben.

Den Kuchen aus dem Ofen nehmen, abkühlen lassen und stürzen.

Man kann auch zusätzlich kleingeschnittene kandierte Früchte (Menge nach Belieben) unter den Teig mischen.

Und dann, mit einem Mal, war die Erinnerung da. Der Geschmack war der jener Madeleines, die mir am Sonntagmorgen in Combray (weil ich an diesem Tag vor dem Hochamt nicht aus dem Haus ging), sobald ich ihr in ihrem Zimmer guten Morgen sagte, meine Tante Léonie anbot, nachdem sie sie in ihren schwarzen oder Lindenblütentee getaucht hatte. (In Swanns Welt)

Kleine Madeleines

Petites madeleines

ZUTATEN: 90 g + 1 gehäufter EL Butter, 90 g Mehl, 75 g Streuzucker, 10 g brauner Streuzucker, 10 g Honig, 2 Eier, Salz.

Die Butter bei leichter Hitze zum Schmelzen bringen. In einer Schüssel die Eier, den Streuzucker und eine Prise Salz mit dem Schneebesen kräftig verrühren. Nach 5 Minuten das Mehl darübersieben. Mit einem Holzlöffel einarbeiten. Die geschmolzene, abgekühlte Butter und den Honig einarbeiten, ohne zu fest zu schlagen. 1 Stunde im Kühlschrank ruhen lassen.

Den Teig aus dem Kühlschrank nehmen und 30 Minuten bei Zimmertemperatur ruhen lassen. Den Ofen auf 220°C vorheizen. Die restliche Butter schmelzen lassen und mit einem Pinsel die Madeleine-Förmchen ausstreichen. Den Teig einfüllen.

Kleine Förmchen für 5, große für 10 Minuten in den Ofen schieben. Vor dem Essen leicht abkühlen lassen.

Madeleines können zu Obstsalat, Eis oder Sorbet gereicht werden.

»Odette bereitete Swann ›seinen‹ Tee und fragte: ›Zitrone oder Rahm?‹ Wenn er ›Rahm‹ antwortete, setzte sie lachend hinzu: ›Aber nur einen Tropfen!‹ Fand er ihn gut, so sagte sie: ›Sehen Sie, ich weiß jetzt schon, wie Sie ihn gerne trinken.‹ Dieser Tee war schließlich auch Swann als etwas so Kostbares erschienen wie ihr selbst (…). Als er sie um sieben Uhr verlassen hatte, um sich zu Hause umzuziehen, sagte er sich während der Fahrt in dem Wagen in dem Übermaß an Freude, die dieser Nachmittag ihm bereitet hatte, mehr als einmal: ›Es müßte wirklich sehr angenehm sein, so eine nette Person ganz für sich zu haben, bei der man etwas so Seltenes fände wie einen wirklich guten Tee!‹«

Und nach alledem wurde (...) eine Schokoladencreme gereicht, flüchtig und leicht wie eine Gelegenheitsdichtung, auf die sie aber gleichwohl ihr ganzes Können verwendet hatte. Wer etwas davon nicht gekostet hätte mit den Worten: »Ich bin fertig, ich habe keinen Hunger mehr«, wäre auf der Stelle in die Reihen jener Rohlinge hinabgesunken, die bei dem Geschenk, das ein Künstler ihnen macht, auf das Gewicht und das Material schauen, während doch nur der Geist und die Signatur das Entscheidende sind. (In Swanns Welt)

Schokoladencreme

Pots de crème au chocolat

ZUTATEN: 100 g Schokolade, 100 g Zucker, $\frac{1}{2}$ l Milch, 6 Eier.

Die Milch zum Kochen bringen, die grob zerstoßene Schokolade hineingeben, bei milder Hitze schmelzen lassen und mit einem Holzlöffel gut vermengen. Den Zucker und die 6 Eigelb mit einem Schneebesen unter kräftigem Schlagen verrühren. Den Ofen auf 130°C vorheizen. Sobald die Schokolade vollständig geschmolzen ist, über die Ei-Zucker-Mischung gießen, schnell und gründlich miteinander vermischen und durch ein Sieb gießen.

Die Masse auf feuerfeste Förmchen von 8 cm Durchmesser verteilen und 1 Stunde in einem Wasserbad im Ofen garen. Vor dem Servieren abkühlen lassen.

VANILLE- ODER KAFFEECREME: Die Schokolade weglassen und dafür die Milch mit Vanillesamen oder mit 10 g grob gemahlenem Kaffee abschmecken. Es empfiehlt sich, die Kaffeemilch vor dem Vermengen mit der Ei-Zucker-Mischung durchzusieben.

»Wie? Auch noch ein Pudding à la Nesselrode? Eine Kur in Karlsbad wird das mindeste sein, was ich brauche, um mich von diesem lukullischen Mahl wieder zu erholen ...« (Im Schatten junger Mädchenblüte)

Pudding à la Nesselrode

ZUTATEN: 125 g Eßkastanienpüree, 60 g kandierte Früchte, 60 g Korinthen, 60 g Smyrna-Rosinen, 60 g kandierte Orangen, $\frac{1}{2}$ l Schlagsahne, 1 EL Maraschino, 0,1 l Malaga. ZUTATEN FÜR DIE ENGLISCHE CREME: $\frac{1}{2}$ l Milch, 5 Eier, 125 g Zucker.

Das Eßkastanienpüree muß sehr fein sein. Die kandierten Früchte (auch die Orangen) würfeln und im Malaga ziehen lassen. Die Rosinen waschen und in lauwarmem Wasser quellen lassen. Vor dem Verwenden abgießen und trockenreiben.

Die Englische Creme herstellen: In einer Schüssel Eigelb und Zucker mit einem Schneebesen kräftig miteinander verrühren, bis die Masse weißlich und cremig wird (nach ca. 5 Minuten). Die Milch in einer schweren Kasserolle zum Kochen bringen. Die kochende Milch zu der Zucker-Eier-Mischung gießen. Unter ständigem Rühren auf niedriger Temperatur mit einem Holzlöffel miteinander vermengen. Die Creme darf auf keinen Fall kochen. Nach etwa 5 Minuten, wenn die Creme angedickt ist und einen Holzlöffel überzieht, durch ein Sieb in eine Schüssel gießen.

Das Eßkastanienpüree, den Maraschino, die Englische Creme, die gewürfelten kandierten Früchte sowie die Rosinen gut miteinander vermengen. Die Sahne steif schlagen und vorsichtig unter die Masse heben. Das Ganze in eine mit Pergamentpapier ausgelegte Charlotten-Form von 18 cm Durchmesser füllen. Die Form mit Aluminiumpapier abdecken und für mindestens eine Nacht in den Tiefkühlschrank geben.

Kurz vor dem Servieren aus der Form stürzen und mit glasierten Eßkastanien verzieren.

»Wer erinnert sich nicht, wie ich, des Lesens während der Ferien, das man nacheinander in all jenen Stunden des Tages barg, die hinreichend friedlich und unverletzlich waren (...). Morgens (...) schlüpfte ich ins Eßzimmer, das bis zu der noch fernen Stunde des Mittagessens niemand, bis auf die alte Félicie, betreten würde.«

189

PERSONEN- UND ORTSREGISTER

QUELLENANGABEN DER ZITATE

Folgende deutsche Ausgaben wurden für die Zitate herangezogen: Marcel Proust, Auf der Suche nach der verlorenen Zeit, zehnbändige Taschenbuchausgabe, Suhrkamp Verlag, Frankfurt/M. 1981—1984. Die Bände werden folgendermaßen abgekürzt: I = In Swanns Welt; II = Im Schatten junger Mädchenblüte; III = Die Welt der Guermantes; IV = Sodom und Gomorra; V = Die Gefangene; VI = Die Entflohene; VII = Die wiedergefundene Zeit. J. S. I oder II verweist auf die zweibändige Ausgabe von Marcel Prousts Roman Jean Santeuil, Suhrkamp Verlag, Frankfurt/M. 1965. Alle anderen Ausgaben sind wie gewohnt bibliographiert. (Ziehen sich Zitate in diesem Buch über mehrere Seiten hin, sind sie unter der ersten Seite festgehalten.)

TEXTE

S. 9: VII, 274/275 — **S. 10:** Contre Sainte-Beuve, Paris 1971, S. 211 (in der deutschen Ausgabe nicht enthalten) — **S. 11:** Cahier Marcel Proust 8, Paris 1976, S. 85; I, 131; Tage des Lebens in Nachgeahmtes und Vermischtes, Frankfurt/M. 1989, S. 224; VII, 297 — **S. 16/17:** I, 63/64, 66, 67 — **S. 18:** I, 70/71 — **S. 19:** Du Côté de

190

chez Swann, Esquisse XI, Paris 1987, S. 678 — **S. 21 l.**: J. S. I, 226; Sodome et Gomorrhe II, Notes et variante, Paris 1988, S. 1342; I, 25; I, 28/29, 30/31 — **S. 21 r.**: J. S. I, 215; J. S. I, 136 — **S. 23 l.**: J. S. I, Tage des Lesens, a. a. O., S. 223 — **S. 23 r.**: VII, 489; J. S. I, 214/215; I, 98; III, 30; I, 99/100; I, 162 — **S. 28 l.**: I, 98/99 — **S. 28 r.**: I, 163 — **S. 30 l.**: I, 162/163; VII, 494; I, 164/165 — **S. 30 r.**: I, 81; I, 111; I, 166; Du Côté de chez Swann, Esquisse XVIII, a. a. O., S. 716/717 — **S. 33 l.**: Jean Santeuil, a. a. O., S. 304 (die Passage ist in der deutschen Ausgabe nicht enthalten); J. S. I, S. 153/154 — **S. 33 r.**: I, 149/150 — **S. 36**: Du Côté de chez Swann, Esquisse XLIX, a. a. O., 794; Esquisse X, S. 674/675; Revue Illustré, 1892, 2., von Marcel Proust beantwortete Rundfrage — **S. 44 l.**: Dédicace in Contre Sainte-Beuve, a. a. O., S. 565; I, 188; I, 23; I, 503; II, 220; I, 264 — **S. 44 r.**: II, 134; II, 160; II, 163 — **S. 45**: II, 197; II, 133; II, 108; I, 188; II, 105; — **S. 47**: II, 107-109 — **S. 50 l.**: II, 109; I, 292/293 — **S. 50 r.**: I, 293; I, 294/295; I, 296; I, 299; I, 293 — **S. 52 l.**: I, 100; I, 101; I, 100; I, 109; I, 106 — **S. 52 r.**: II, 148/149; II, 133/134 — **S. 58 l.**: Brief an Binet-Welner vom April 1922, abgedruckt in Correspondance Marcel Proust, Vol. XX, Paris 1989, S. 183—184; Briefwechsel mit der Mutter, Frankfurt/M. 1976, S. 17; J. S. II, S. 136 — **S. 58 r.**: J. S. II, S. 166; Briefwechsel mit der Mutter, a. a. O., S. 25; Le Côté des Guermantes, Esquisse XV, a. a. O., S. 1127 — **S. 59 l.**: III, 101/102 — **S. 59 r.**: III, 524/525 — **S. 60 l.**: I, 188; Le Côté des Guermantes, Esquisse XV, a. a. O., S. 1132/1133 — **S. 60 r.**: III, 125 — **S. 61 l.**: III, 126; II, 27 — **S. 61 r.**: III, 125-127 — **S. 62 r.**: III, 125, 127; II, 148 — **S. 66**: I, 265, 252 — **S. 68 l.**: I, 339-341 — **S. 68 r.**: I, 336-338 — **S. 69**: I, 251 — **S. 70**: I, 338/339 — **S. 71 l.**: I, 276/277 — **S. 71 r.**: VII, 36-39 — **S. 74**: VII, 39 — **S. 75 l.**: IV: 411/412, 414 — **S. 75 r.**: IV, 453, 454/455; VII, 38; IV, 465/466 — **S. 76**: VII, 38; IV, 462 — **S. 83**: I, 228; A Madeleine Lemaire in Contre Sainte-Beuve, a. a. O., S. 366; J. S. I, 362/363 — **S. 83**: J. S. II, 82, 83, 85, 87, 88 — **S. 85**: III, 16; Le Côté de Guermantes, Esquisse XXXI, a. a. O., S. 1232/1233 — **S. 86**: III, 273/274 — **S. 90 l.**: III, 663 — **S. 90 r.**: III, 676 — **S. 92 l.**: III, 661-664 — **S. 92 r.**: III, S. 665/666, 681 — **S. 94**: III, 642-644 — **S. 100 l.**: Correspondance Marcel Proust, Vol. VII, Paris 1981, S. 159; III, 309-312, 314 — **S. 100 r.**: II, 327/328, 329/330 — **S. 101**: II, 326/327 — **S. 102 l.**: II, 331; Chardin et Rembrandt in Contre Sainte-Beuve, a. a. O., S. 373 — **S. 102 r.**: Chardin et Rembrandt, a. a. O., S. 373; II, 353/354 — **S. 106 l.**: II, 582 — **S. 106 r.**: II, 367 — **S. 107**: II, S. 358 — **S. 108**: 504/505 — **S. 109**: III, 151/152 — **S. 111 l.**: II, 505/506 — **S. 112 l.**: II, 481, 475/476, 585, 589, 617, 618, 627 — **S. 118 l.**: Brief an Charles Grandjean vom 13. 11. 1893, Correspondance Marcel Proust, Vol. I, Paris 1976, S. 257 — **S. 118 r.**: Brief an Louis d'Albufera, Correspondance Marcel Proust, Vol. VIII, Paris 1981, S. 112/113 — **S. 122 l.**: Cahier Marcel Proust 8, a. a. O., S. 85; Cahier Marcel Proust 3, Paris 1971, S. 360; VII, S. 289, III, 29 — **S. 122 r.**: Céleste Albaret, Monsieur Proust, zitiert nach der Taschenbuchausgabe München 1978, S. 85/86 — **S. 124 l.**: IV, 339/340. Céleste Albaret, Monsieur Proust, a. a. O., S. 84 — **S. 124 r.**: Céleste Albaret, Monsieur Proust, a. a. O., S. 84, 91, 92; VII, 288 — **S. 125**: Céleste Albaret, Monsieur Proust, a. a. O., S. 86-88 — **S. 126 l.**: Brief an Céline Cottin, Correspondance Marcel Proust, Vol. IX, Paris 1982, S. 139 — **S. 126 r.**: I, 139; VII, 489 — **S. 128 l.**: II, 27/28; II, 27, 44, 78, 79 — **S. 128 r.**: I, 264 — **S. 129**: L'Intransigeant, Paris, 3. 8. 1920; Romain Rolland in Contre Sainte-Beuve, a. a. O., S. 309; VII, 494.

REZEPTE

S. 134: III, 644 — **S. 135**: Jean Santeuil, a. a. O., S. 458 (die Passage ist in der deutschen Ausgabe nicht enthalten) — **S. 136 l.**: J. S. II, 84/85 — **S. 136 r.**: VII, 38 — **S. 137 l.**: Du Côté de chez Swann, Esquisse XLIX, Paris 1987, S. 794 — **S. 137 r.**: V, 167 — **S. 138**: I, 339 — **S. 139**: J. S. I, 136 — **S. 140 l.**: II, 329/330 — **S. 140 l.**: II, 79 — **S. 142**: I, 339 — **S. 143**: Fragmente eines Briefromans in Freuden und Tage, Frankfurt/M. 1988, S. 274 — **S. 144 l.**: I, 98 — **S. 144 r.**: V, 301 — **S. 145**: IV, 411—412 — **S. 146 l.**: Chardin et Rembrandt in Contre Sainte-Beuve, Paris 1971, S. 375/376 — **S. 146 r.**: IV, 414 — **S. 148 l.**: II, 148/149 — **S. 148 r.**: J. S. I, 136 — **S. 149**: J. S. I, 186 — **S. 150 l.**: Du Côté de chez Swann, Esquisse LIII, Paris 1987, S. 807 — **S. 150 r.**: VII, 38/39 — **S. 151**: Du Côté de chez Swann, Esquisse XLIX, Paris 1987, S. 794 — **S. 154**: II, 497 — **S. 154 r.**: III, 152 — **S. 156 l.**: I, 18 — **S. 156 r.**: III, 775/776 — **S. 158 l.**: I, 28/29 und 30/31 — **S. 158 r.**: II, 27 — **S. 159**: II, 27/28 — **S. 160 l.**: V, 180 — **S. 160 r.**: II, 45 — **S. 162 l.**: I, 149/150 — **S. 162 r.**: II, 44 — **S. 163 l.**: Céleste Albaret, Monsieur Proust, a. a. O., S. 86 — **S. 164 l.**: J. S. I, 217 — **S. 166 l.**: II, 78 — **S. 166 r.**: II, 460 — **S. 167**: Sodome et Gomorrhe, a. a. O., S. 1309 — **S. 170 l.**: III, 664/665 — **S. 170 r.**: Le Côté des Guermantes, Esquisse XV, a. a. O., S. 1127 — **S. 172 l.**: IV, 465/466 — **S. 172 r.**: Du Côté de chez Swann, Esquisse XVIII, Paris 1987, S. 716 — **S. 174 l. oben**: II, 46 — **S. 174 l. unten**: I, 326 — **S. 174 r.**: II, 234 — **S. 175 r.**: II, 134 — **S. 177**: II, 627 — **S. 178 l.**: Tage des Lesens, a. a. O., S. 233/234 — **S. 178 r.**: J. S. I, 226 — **S. 180 l.**: II, 505 — **S. 180 r.**: I, 102 — **S. 181**: I, 98/99 — **S. 182 l.**: II, 109 — **S. 182 r.**: I, 66 — **S. 185 l.**: I, 99 — **S. 185 r.**: II, 55

BILDLEGENDEN

S. 15: I, 55; J. S. I, 147; I, 66/67 — **S. 16**: Contre Sainte-Beuve, a. a. O., S. 347 (in der deutschen Ausgabe nicht enthalten) — **S. 17**: I, 73 — **S. 18**: I, 21 — **S. 19**: I, 90 — **S. 20**: I, 72, 73 — **S. 23**: I, 30/31; J. S. I, 167, 202/203 — **S. 28**: J. S. I, 137 — **S. 31**: I, 99/100 — **S. 32**: I, 162 — **S. 37**: I, 76; 99 — **S. 38 l.**: Jean Santeuil, a. a. O., S. 304 (diese Passage ist in der deutschen Ausgabe nicht enthalten); Tage des Lesens, a. a. O., S. 223; I, 98 — **S. 43**: II, 219; I, 332 — **S. 47**: I, 295/296; II, 109 — **S. 51**: II, 109 — **S. 52**: II, 108 — **S. 55**: J. S. II, 167; Le Côté des Guermantes, Esquisse XV, a. a. O., S. 1127 — **S. 60**: III, 125, 101/102 — **S. 63**: Chardin et Rembrandt, a. a. O., S. 375 — **S. 65**: VII, 36 — **S. 70**: V, 265 — **S. 74**: Après la guerre in Contre Sainte-Beuve, a. a. O., S. 583/584 — **S. 76**: J. S. I, 420; I, 409 — **S. 81**: J. S. I, 362 — **S. 84**: J. S. I, 268/269 — **S. 86**: J. S. I, 368; VII, 265 — **S. 90**: J. S. I, 363 — **S. 95**: J. S. I, 362 — **S. 99**: II, 336; 391 — **S. 101**: IV, 242 — **S. 103**: Chardin et Rembrandt, a. a. O., S. 374; VII, 268 — **S. 106**: II, 505 — **S. 107**: II, 538 — **S. 109**: J. S. I, 235 — **S. 111**: IV, 506/507; II, 370 — **S. 112**: J. S. I, 226, 235 — **S. 117**: J. S. II, 170/171 — **S. 118**: J. S. I, 136 — **S. 122**: II, 44 — **S. 126**: II, 55 — **S. 135**: Jean Santeuil, a. a. O., S. 458 (die Passage ist in der deutschen Ausgabe nicht enthalten) — **S. 139**: Chardin et Rembrandt, a. a. O., S. 347 — **S. 141**: I, 162 — **S. 147**: IV, 414 — **S. 149**: Jean Santeuil, a. a. O., S. 353 (diese Passage ist in der deutschen Ausgabe nicht enthalten) — **S. 151**: II, 627 — **S. 155**: III, 152 — **S. 161**: Rembrandt in Contre Sainte-Beuve, a. a. O., S. 660 — **S. 165**: Chardin et Rembrandt, a. a. O., S. 374 — **S. 176**: J. S. I, 226 — **S. 178**: J. S. I, 233/234 — **S. 183**: I, 294/295 — **S. 189**: Tage des Lesens, a. a. O., S. 221.

TEXTQUELLEN

Der Wilhelm Heyne Verlag dankt dem Suhrkamp Verlag, Frankfurt/M., für die Genehmigung, aus den nachstehend genannten Proustwerken zitieren zu dürfen, und dem Kindler Verlag, München, für die Erlaubnis, Auszüge aus dem Buch »Monsieur Proust« von Céleste Albaret in diesen Band aufzunehmen:

Marcel Proust »Auf der Suche nach der verlorenen Zeit«, © Suhrkamp Verlag, Frankfurt am Main, 1953, 1954, 1955, 1956, 1957.
Übersetzerin: Eva Rechel Mertens

Marcel Proust »Jean Santeuil«, © Suhrkamp Verlag, Frankfurt am Main, 1965.
Übersetzerin: Eva Rechel Mertens
Marcel Proust »Briefwechsel mit der Mutter«, © Suhrkamp Verlag, Frankfurt am Main, 1976.
Übersetzerin: Helga Rieger
Marcel Proust »Briefe zum Werk«, © Suhrkamp Verlag, Frankfurt am Main, 1964.
Übersetzer: Wolfgang A. Peters
Marcel Proust »Briefe zum Leben«, © Suhrkamp Verlag, Frankfurt am Main, 1969.
Übersetzer: Uwe Daube
Marcel Proust »Gegen Sainte-Beuve«, © Suhrkamp Verlag, Frankfurt am Main, 1962.
Übersetzer: Helmut Scheffel
Marcel Proust »Tage des Lesens« in »Nachgeahmtes und Vermischtes«, © Suhrkamp Verlag, Frankfurt am Main, 1989.
Übersetzer: Helmut Scheffel
Marcel Proust »Freuden und Tage«, Vorwort von Anatole France, Illustrationen von Madeleine Lemaire, © Suhrkamp Verlag, Frankfurt am Main, 1988. Übersetzer: Luzius Keller
Céleste Albaret »Monsieur Proust«, © Kindler Verlag, München, 1974.
Übersetzerin: Margret Carroux

DANKSAGUNGEN

Ohne die Hilfe zahlreicher Personen hätten die Photographien zu diesem Band nicht realisiert werden können.

Ich lege Wert darauf, all denen herzlich zu danken, die mir mit ihrer Freundschaft, ihren Ratschlägen, ihrer Begeisterung, ihrer unendlichen Freundlichkeit und durch die Überlassung wertvoller Leihgaben geholfen haben die Atmosphäre dieses Buches zu schaffen: Daphné de Saint Sauveur, Alexandra de Caraman-Chimay, Jean-Louis de Maigret, Marc de Ferrière, Konservator des Musée Christofle, Jacques Bontillot, Konservator des Musée de Montereau, Jean de Rohan Chabot, Olivier Gaube du Gers, Madame Arnaud, Monsieur, Madame und Mademoiselle Bouniol de Gineste, Monsieur und Madame de La Conte, Anne Gayet, Annick Clavier, Armand Ventilo, Au Bon Usage, Au Passé Retrouvé, Au Puceron Chineur, Aux Fils du Temps, Beauté Divine, Bleu Passé, Boutiques Descamps, Cassegrain, Christian Benais, Christian Dior, Claudine Peltot, Constance Maupin, Cristal d'Arques, Cristallerie de Baccarat, Cristallerie de St. Louis, Dîners en Ville, Eric Dubois/Art domestique ancien, Faïencerie de Gien, Fanette, Fauchcon, Foncegrive, Galerie Didier Ludot, Galerie Dominique Paramythiotis, Galerie G. Bernard, Galerie Loft, Josy Broutin, L'Argenterie des Francs-Bourgeois, La Boutique Georges Pesle, La Boutique Magnolia, La Châtelaine, La Galerie Pittoresque au Louvre des Antiquaires, La Maison Opéra, La Tuile à Loup, La Vaisselle, Le Cochelin au Louvre des Antiquaires, Les Bijoux du Louvre des Antiquaires, Les Deux Orphelines, Les Etablissements Morand, Les Tissus Lelièvre, Liliane François, Madame est servie, Marie-José Bauemer, Madeleine Gely, Muriel Grateau, Orfèvrerie Cristofle und Musée Cristofle, Orfèvrerie Odiot, Orfèvrerie Puiforcat, Point à la ligne, Porcelaine Bernardaud, Porcelaine Haviland & Parlon, Porcelaine Raynaud, Primrose Bordier für Jacquard français, Siècle, Un Jardin en plus, Une Maison à Paris.

Und ganz besonders: Pierre Ermé, Chef Patissier bei Fauchon, der mit viel Enthusiasmus und großer Kenntnis die großartigen Kuchen hergestellt hat; Marianne Robic und Monsieur François für die prächtigen Blumenarrangements; Hubert Avilès und der Küchenbrigade des Pullman Grand Hotel in Cabourg für ihre Mitarbeit bei der Realisierung der Platten des Kapitels »Das Meer«; Jean-Jacques Aubert und Anne-Françoise Pelletier, die mit viel Energie und stetigem Einsatz während der ganzen Arbeit an diesem Buch mitgewirkt haben.

Nanou Billault

Les Editions du Chêne danken dem Laboratoire Nouveau Gorne für die liebenswürdige Zusammenarbeit bei der Entwicklung der Filme.

BILDQUELLEN

Bridgeman Giraudon: S. 19; Caisse Nationale des Monuments Historiques et des Sites: S. 45, 81 (oben), 83, 129; Bernard Fiévet: S. 15; Giraudon: S. 32, 99 (oben; ADAGP); Hachette: S. 45 (unten), 65 (oben), 94, 101, 125; René Jacques: S. 109; Lauros-Giraudon: S. 85; ADAGP; Louis Monier: S. 133; Musée Marcel Proust: S. 16, 18, 31, 47, 117 (oben); Musées Royaux des Beaux-Arts de Belgique: S. 43 (oben); Réunion des Musées Nationaux: S. 63, 103, 139, 161; Roger-Viollet: S. 55, 59, 70; Scala: S. 60; Studio Lourmel: S. 165; Wallraf-Richartz Museum Köln: S. 171

Titel der französischen Originalausgabe:
PROUST. LA CUISINE RETROUVEE
Aus dem Französischen übertragen von Rudolf Kimmig

Die Originalausgabe des Buches erschien 1991 bei Les Editions du Chêne, Paris
Copyright © 1991 Société Nouvelle des Editions du Chêne, Paris
Copyright © 1992 der deutschen Ausgabe by Wilhelm Heyne Verlag GmbH & Co. KG, München
Text: Anne Borrel · Rezepte: Alain Senderens · Photos: Jean-Bernard Naudin
Styling: Nanou Billault · Graphische Konzeption: Carmèle Delivré
Umschlaggestaltung der deutschen Ausgabe: Christian Diener
Satz: Schaber Datentechnik, Wels
Druck: Canale in Borgaro T.se, Italien
Printed in Italy

ISBN 3-453-05928-X